本书得到国家社会科学基金青年项目（项目编号：16CZX062）

数字时代企业转型升级和绿色管理丛书

绿色管理背景下道德专注力研究

董 蕊◎著

经济管理出版社

ECONOMY & MANAGEMENT PUBLISHING HOUSE

图书在版编目（CIP）数据

绿色管理背景下道德专注力研究/董蕊著 . —北京：经济管理出版社，2022.6
ISBN 978-7-5096-8480-1

Ⅰ.①绿…　Ⅱ.①董…　Ⅲ.①企业管理—人事管理　Ⅳ.①F272.92

中国版本图书馆 CIP 数据核字（2022）第 099561 号

责任编辑：张莉琼　　杜奕彤
责任印制：黄章平
责任校对：蔡晓臻

出版发行：经济管理出版社
　　　　　（北京市海淀区北蜂窝 8 号中雅大厦 A 座 11 层　100038）
网　　址：www. E-mp. com. cn
电　　话：（010）51915602
印　　刷：唐山玺诚印务有限公司
经　　销：新华书店
开　　本：720mm×1000mm/16
印　　张：11.5
字　　数：146 千字
版　　次：2022 年 7 月第 1 版　　2022 年 7 月第 1 次印刷
书　　号：ISBN 978-7-5096-8480-1
定　　价：78.00 元

总　序

以互联网经济和数字经济为代表的数字科技革命正全面引领中国经济的发展，我们已经步入数字时代。以大数据、人工智能、云计算为代表的数字时代催生了新的管理理念和管理模式，数字时代要求企业转变经营理念、加快转型升级。数字时代下，随着转型升级成为中国经济发展的主旋律，针对管理实践中如何破解"成长中的烦恼"、推进经济结构的战略性调整和发展方式的根本性转变这一时代难题，我们需要坚定不移打好转型升级系列"组合拳"，深入研究转型升级的管理战略和路径方法，这也是中国未来相当长时期的一个重点任务。

绿色是生命的象征、大自然的底色，绿色更代表了美好生活的希望、人民群众的期盼。绿色发展是将环境保护作为可持续发展重要支柱的一种新型发展模式，成为当前我国经济最为重要的发展方式。"绿水青山就是金山银山"，践行绿色发展理念，推动绿色发展革命已经获得了政府、企业和社会各界的广泛认同。党的十九届五中全会公报提出"促进经济社会发展全面绿色转型"，"十四五"规划再次明确"促进经济社会发展全面绿色转型"。可以预见，绿色发展将在未来国家中长期发展中占据极为重要的地位。

长期以来，浙江财经大学工商管理学院始终坚持求真务实、服务社会的社会责任心，秉持科学严谨的学术态度，坚持实践出真知，研究围绕国家和浙江区域发展面临的重大组织困境、社会管理困境展开，用有效的科学手段来深入解答管理学问题，推动管理学研究从"外生性"向"内生性"转变，推动管理学知识体系从"静态均衡"向"动态均衡"发展。本系列丛书是浙江财经大学工商管理学院教师多年来对企业转型升级和绿色管理实践研究的学术成果结晶。丛书围绕数字时代企业转型升级和绿色管理的具体实践和经验进行精耕细作式解剖、探讨，深入挖掘数字时代企业转型升级和绿色管理成功的内在原因，分析企业转型升级和绿色管理面临的机遇和挑战。

本系列丛书主题涵盖数字时代下企业转型升级和绿色管理的各个方面，具体包括"平台企业嵌入集群创业网络下的产业转型升级研究""定制化绿色信息影响研究""开放式创新网络中的价值创造与价值独占研究""绿色消费溢出效应研究""绿色管理背景下道德专注力研究""企业战略转型与绿色创新管理研究""基于绿色管理的消费者幸福研究""组织转型与绿色人本管理研究""生活方式绿色转型研究""浙商数字化转型升级经验研究""成员异质性及其影响研究""互联网背景下绿色创业研究"等。丛书通过对相关企业转型升级和绿色管理的深度剖析，力求从多个维度或不同角度全方位阐释数字时代企业对外部环境的响应和自组织变革，进一步传承浙江企业拼搏进取、开拓创新的商业精神，同时形成企业转型升级和绿色管理的系统理论体系。

期望本系列丛书的出版为数字时代中国特色管理理论特别是转型升级和绿色管理理论发展增添更多现实基础，更有效、更精准地赋能新时代各类企业开创新的辉煌。期待本丛书的出版在一定程度上会对各类企业转型升级和绿色管理实践提供一定的智力支持和思想引领，从多个角度助推新时代中国企业加快转型升级和绿色高质量发展的步伐。

王建明　教授

浙江财经大学工商管理学院/MBA 学院院长

2021 年 4 月

前　言

在中国，雾霾、资源浪费以及过度开发资源导致的生态环境问题日益凸显。在党的十八届五中全会上，习近平总书记提出了"创新、协调、绿色、开放、共享"的五大发展理念，并将绿色发展作为关系我国发展全局的一个重要理念。由此可见，保护环境、绿色发展已经上升到了国家战略高度。资源、环境与发展问题成为国际社会高度重视的问题。

作为一种道德现象，环境道德包括环境道德意识、环境道德规范、环境道德活动。个体做出绿色决策和行为的第一步，是意识到其行为所涉及的环境伦理问题，即对环境道德问题的识别是个体做出绿色行为的前提条件。传统研究多用道德意识解释个体面对道德问题表现出的差异。道德意识指个体对某个情境是否包含道德内容及是否可以从道德的视角判断其正当性进行考虑。它是个体认为一个情形是否属于道德情境的确定。研究表明，道德意识是由问题的道德特征所激发的，因此，如果问题道德特征的强度足够大，任何人都可以产生道德意识，如相较于"在工作场所中是否使用双面打印、是否随手关灯"，"将企业生产的有毒废气排入空气中"更可能激发出个体的环境道德意识。与道德意识需要一个特定的外部事件及受情境的道德特征强度影响不同，道德专注力更具主动性，不需要外部事件的激发。它是个体主动寻求和思考外部刺激的道德内涵的认知过程。道德专注力由道德线索的长期可达性导致，更可能出现在道德意识之前。因此，道德专注力是道德意识的前因变量。道德专注力是个体在日常生活中有规律地思考道德问题的有意过程，是一种自觉的、自我控制的过程，也是个人规范自己行为的过程。有研究证明，道德专注力更可能发生在那些有责任心的人身上。道德专注力使员工在责任心的促使下规范自己的行为过程。在工作中，有责任心的员工往往通过努力满足组织对角色表现的期望来履行他们的责任。除完成任务之外，富有责任心的员工还会参与并坚持为组织做正确的事情，会反思他们在工作场所的行为对环境可持续性的影响，并付出额外的努力从事他们认为正确的道德行为。因此，我们认为，道德专注力是影响个体做出绿色行为一个非常重要的特质。

本书将研究重点放在道德专注力这一概念的内涵和心理后效上，通过理论分析和实证研究着重分析了道德专注力的测量方法和认知机制，以及其对绿色行为的影响和对管理实践的启示。本书共包括五章：第一章基于交叉学科的视角，回顾了伦理学、心理学和管理学领域关于环境与道德关系的主要观点，重点关注自然存在物是否拥有道德关怀的资格，其是否应被纳入人类道德共同体的哲学争论，环境对个体心理的影响，以及绿色管理视角下的员工绿色行为和绿色人力资源管理等相关研究进展；第二章对道德专注力的内涵及研究进展进行回顾，使读者深入了解该概念，并在理论上阐释道德专注力对个体绿色行为的预测作用；由于目前还没有中国版道德专注力量表，因此第三章从心理测量学的角度，开发了中国版道德专注力量表，并进行信效度检验，为后续实证研究提供有效的测量工具；第四章采用本书开发的中国版道德专注力量表，直接检验员工道德专注力对其绿色行为的预测作用；第五章梳理本书的研究成果，指出本书的研究局限，并给出管理实践上的建议和对策。

由于时间和精力有限，本书还有很多不足之处。受自身研究背景（心理学和管理学）所限，笔者对伦理学相关理论和概念的理解可能存在偏差。同时，在术语的翻译和概念的界定上，不同学科之间还有很多值得探讨的地方，还望读者予以指正。本书的完成，得到了很多人的帮助。感谢国家社会科学基金青年项目"信号检测视角下的日常道德判断研究"（项目编号：16CZX062）及"研究阐释党的十九届四中全会精神"国家社科基金重大项目（项目编号：20ZDA087）和省高校高水平创新团队——转型升级和绿色管理创新团队的资助。感谢笔者的合作者，清华大学深圳国际研究生院的倪士光教授给予的指导和帮助。在本书的数据分析、文本矫正方面，笔者的研究生王平、余宛欣、宋玲玲和吴红娅同学做了大量工作。责任编辑张莉琼为本书的付梓倾注了大量的心血，在此一并表示感谢。

目　录

第一章 环境与道德

近年来，诸如气温升高，雾霾、森林火灾频发，水土资源污染，以及资源短缺等生态环境问题在全球范围内凸显。随着全球对环境管理或绿色管理的日益重视，环境治理和可持续发展问题在国家层面上得到了高度认同。我国相继实施了建设"生态工业园""循环经济""低碳城市"试点和构建资源节约型、环境友好型"两型"企业等谋求绿色发展的国家战略（邹志勇等，2019）。

绿色发展理念呼唤绿色发展方式和生活方式。党的十九大报告指出，要增强"绿色发展理念的自觉性和主动性"，传统的生产和生活方式就需随之改变，而这种改变又需要以新的思想观念来支撑。从绿色发展的角度看，绿色管理就是将环境保护意识纳入企业管理，这涉及企业绿色产品研发、绿色采购、绿色生产与资源循环、绿色人力资源管理等。绿色管理的实现，依靠于每一个人对环境问题的主动思考和积极参与，并在工作和生活中切实践行绿色发展理念，而这又取决于个体的环境道德意识和道德自觉性。如果人们能够意识到人与自然界之间存在着一种道德关系，树立保护生态环境的道德意识，那么舍弃视自然界为利用对象的工具理性，将自然视为与人共生共存的存在便是完全可能的（曾雪，2018）。因此，在学校教育和企业管理中，加强大学生和企业员工的环境道德教育，提高其道德意识和道德敏感性就显得尤为重要。

道德是维系社会良好运转和社会关系和谐的关键。对道德问题的关注，不仅仅存在于伦理学研究领域。实际上，随着社会道德问题的日益增多、企业道德丑闻的日益涌现以及环境污染问题的日益严重，道德研究也逐渐成为包括心理学和管理学在内的多学科研究的前沿领域（Elm & Radin，2012；Kish-Gephart，Harrison & Treviño，2010）。跨学科的道德研究面临的第一个挑战是各学科与规范哲学领域的衔接（Fortin et al.，2016）。心理学和管理学都是社会科学学科，它们专注于描述和预测人们的思想、感受和行为。然而，规范伦理学领域旨在为道德行为提供指导性的建议（Fortin et al.，2016）。由此可见，不同学科对道德问题研究的侧重点不同。同时，由于当代学科极为细化，不同学科在研究道德问题的视角、切入点和方法上存在很大差异，因此，不同学科研究的具体问题和结论也各不相同。正是基于上述原因，本书的第一章综合阐述了伦理学、心理学和管理学等不同学科有关道德的学术观点和研究成果，探讨环境与道德的关系。

第一节　环境伦理学

长期以来，无论是亚里士多德的伦理学、康德的伦理学，还是马克思的伦理学，无论是西方的伦理学，还是中国的伦理学，讨论的主题主要是人与人之间的关系，基本都属于人际道德的范畴（刘湘溶，2004）。随着人类文明的发展，人类对自然的认识逐渐加深。进入 21 世纪以来，生态问题日益凸显，人类开始正视环境问题，思考人类与自然的关系，追求人与自然和谐发展。20 世纪 60 年代，环境伦理学开始兴起，并于 20 世纪八九十年代达到成熟。

环境伦理学在传统伦理学的基础上，将正义、平等、责任等人类社会的重要理念运用在人与自然的关系上，超越传统人类中心主义，进行非人类中心主义的伦理扩展，旨在试图解决人类与自然生态环境之间的伦理道德问题（肖濛，2016）。黄琼彪（2005）认为，环境伦理是探讨如何适当关怀、重视，并履行我们保护自然环境之责的理论与实务做法，亦可称为环境道德（Environmental Morals）。他认为，环境伦理不应该只将人类利益作为判断标准，应当以自然生态平衡的永续经营为最高指导原则。人与环境的关系问题是环境伦理学的基本问题。环境伦理学一直努力宣扬一种人与自然环境的和谐理念。"动物权利""大地共同体""尊重自然""自然价值"等建立了不同程度、不同范围的与环境的亲密关系（杜红，2016）。

翻阅伦理学书籍，我们发现存在众多道德理论和体系。在有限的篇幅内，我们无法逐一将其阐述清楚。然而，当代西方环境伦理研究有两条重要进路，即以功利论或康德式义务论为理论起点和思考路径的传统意义上的、现代占主导地位的规范型环境伦理与新兴的以亚里士多德的德性论为理论起点和思考路径的环境德性伦理（王传民，2015）。因此，我们将简单介绍功利论与义务论、美德伦理学这两类哲学观点，以及其关于人与环境关系的主张。

一、功利论与义务论

功利论与义务论，也可称为结果论和非结果论，是规范伦理学中具有核心地位的两种哲学理论。功利论是以行为结果为基础或关心结果的，而义务论不以行为结果为基础或不关心结果（蒂洛、克拉斯曼，2008）。

功利论的主要创始人是边沁（1748—1832）和穆勒（1806—1873）（蒂洛、克拉斯曼，2008）。19世纪英国伦理学家边沁认为，一个行为的正确与否，完全取决于其造成的后果；而我们的行为准则，应当是以"最大多数人之最大幸福"为目的（卡思卡特，2014）。如果一个行为能够带来有益的结果，那么它就是道德的。与伦理利己主义认为的人们应该为自己的自身利益而行动不同，这里的有益的结果是应该为每一个相关者带来最大的好处或幸福（蒂洛、克拉斯曼，2008）。这一思想后来被称为"结果论"（Consequentialism）、功利主义（Utilitarianism）或"目的论"（Teleology）。功利主义存在的一个问题是，我们应该如何确定和计算特定行为所能带来的所有好处与坏处，以及它们所对应的数量和权重。在评价道德行为或做出道德判断时，我们是否只需要关心行为所带来的结果，而无须考虑行动者的动机？

义务论的主要代表人物是伊曼努尔·康德（1724—1804）。18世纪德国哲学家康德认为，将人视作手段，而不以人本身为目的，这永远都是错误的。道德即向拥有不同"权利"的人实施"义务"，而不仅仅是最大多数人之最大幸福这样的加减乘除（卡思卡特，2014）。这一哲学思想被称为"义务论"（Deontology）。义务论认为，个人有义务满足他人的合法要求或需要，这是该术语的根源。在这种理念下，我们有责任偿还债务，照顾孩子，说出真相，因为这是"正确"的做法。义务论是当今流行的一种伦理哲学，但也有被批评之处。最主要的批判来自那些关注短期享乐主义或心理利己主义的学者，他们认为每个人在心理上都被设定为只为自己的利益而行动。

有学者担心，将功利主义用于环境伦理学，由于植物或非生物不能感知苦乐，我们会得出有悖于环境伦理主张的结论。义务论的代表人物康德也曾有过"我们对动物不负有直接义务；我们对它们的义务乃是对于人类的间接义务"的论述（Kant，1997）。这也就是说，我们虐待动物的行为本身不构成道德上的错误，但它可能诱使我们残忍地对待其他人，而这就构成了道德上的错误（黄勇，2016）。但是，刘科（2020）认为，根据义务论和功利论的主张，仍然可以推论出人类应该保护环境。依据义务论的主张，道德行为是出于义务而行动。道德义务不仅要求你应该这样行动，其他人也应该这样行动，并且道德义务应具备可普遍化的性质，保护环境可被普遍化，破坏环境不可被普遍化，所以保护环境是道德义务，人类应该保护环境。依据功利主义的主张，人类应该选择去做能够实现总体利益最大化的事。人类生活在自然环境中，保护环境能够实现人类与自然环境共同的利益最大化，所以人类应该保护环境。

二、美德伦理学

与传统伦理学的发展相似，在环境伦理学的发展过程中，也出现了在功利论和义务论占主流地位之后逐渐转向美德伦理学的呼声。究其原因，一是美德伦理学自身的吸引力强大，二是义务论和功利论各自存在缺陷，既包括理论自身的缺陷，也包括它们应用/扩展到环境问题上所表现出的缺陷（黄勇，2016）。传统环境伦理学没有真正从人这一道德行为主体入手，只是强调"人应该怎么做"，而没有告诉我们"如果我破坏环境的话，那么我将会变成一个什么样的人"，也没有告诉我们"什么样的人，热衷于保护环境"（曹鑫茹、郭辉，2016）。因此，环境伦理学需要借鉴美德伦理学的观点，探究人们保护环境所需要的道德品质。

美德伦理学发源于古希腊哲学家亚里士多德的《尼各马可伦理学》，其强调的是人们自身所具有的善良或有德行的品质。亚里士多德认为，美德是介于两个极端之间的中道，两个极端都是恶德——或者过量或者不足（蒂洛、克拉斯曼，2008）。一个人应该培养自己内在的善良情感或意向，而不光是合乎道德的行动（蒂洛、克拉斯曼，2008）。因此，美德伦理学力图培养善良的有道德的人。

不同学者对美德的界定不同。亚里士多德认为美德应该包括勇敢、节制、谦虚、诙谐、诚实和友谊（见表1-1）。富兰克林则提出美德包括节制、静默、有序、决心、节俭、勤勉、真诚、公正、中庸、清洁、平静、贞洁和谦卑。美德伦理学留给我们的思考是：什么是美德？什么构成美德？谁是道德典范？当代人格心理学家和道德心理学家则从实证的角度探讨了道德人格所包含的特质。

表 1-1　亚里士多德对美德的界定

情感或行为	过量	中道	不足
自信心	鲁莽	勇敢	怯懦
感官快乐	放荡	节制	不敏感
羞耻感	害羞	谦虚	无耻
激发乐趣	滑稽	诙谐	笨拙
自我表现的实在性	自负	诚实	自贬
友谊的表现	谄媚	友谊	愠怒

资料来源：蒂洛，克拉斯曼（2008）．伦理学与生活．程立显，刘建等译．北京：世界图书出版公司．

道德人格是指那些与道德有关的人格特质。基于美德伦理学和特质理论，道德人格好的个体，是那些拥有"美德"的人（黄华、赵飞，2012）。因此，道德人格研究主要进行的是道德榜样的自然概念研究，即选择人们公认的道德楷模，了解其所具备的人格特质（王云强、郭本禹，2009）。Walker 和 Frimer（2007）对50名因勇敢或关怀而受到表彰的加拿大道德模范和50名普通人进行了一系列的人格问卷调查和生活回顾访谈（Life-review Interview），探索两个可能的人格因素——勇敢和关怀与道德行为的联系。结果表明，人格变量可以显著地增加对道德行动的预测。能动（Agency）意味着在社会等级体系中提升自我的动机，这些动机包括成就、社会权力或物质财富。交流（Communion）表现为对熟悉的人的仁慈，或对处境不利的、遥远的其他人的福祉或地球的生态福祉更加普遍的关注（Frimer et al.，2011）。在生活叙事上，相比于普通人，道德楷模更可能在能动和交流两个主题方面具有更强的动机，更可能救赎式地解释重要生活事件，更频繁地识别出在其早期生活中的贵人，报告出更多的安全型依恋风格。相比于勇敢型的道德楷模，关怀型道德楷模更具教养、更乐观。道德人格的心理学研究探讨的是真实的道德模范所具备的美德，与美德伦理学所探讨的理想的道德人格是不同的。在选取道德模范时，Walker 和 Frimer（2007）仅选取了那些因勇敢和关怀而受到表彰的人。美德伦理学所讨论的其他美德如谦虚、清洁、真诚等，仍需要更多的实证数据予以检验。

德性论的复兴，或曰转向，是当今伦理学的一个重要动向，这一动向也影响到了环境伦理学（孔文清，2020）。在目睹了邻居将自家园子里的花草树木全部清除并铺上沥青的举动后，希尔不禁追问：是什么样的人才会做这样的事？希尔对这一问题的回答是，会如此行事的人缺乏谦逊的美德，因为谦逊的美德会要求他"珍视无情的自然物"。这一追问实际上是将对环境伦理的讨论转到了行动者自身的品质上（孔文清，2020）。随后，环境伦理学借由德性论向环境问题延伸，强调环境保护中的积极因素，特别是积极的人格品质，从而鼓励和影响人对环境的友好行为（曹鑫茹、郭辉，2016）。于是，越来越多的学者开始关注研究环境美德，关注"什么样的人会破坏环境"。环境美德伦理学关注人在对待自然的态度上所体现出来的积极品质和善举，致力于通过对人们内在品质的培养和教育，即通过道德途径，使人们将环境保护的理念内化为行为准则，自觉自愿保护环境，从而实现人与自然的和谐相处（曹鑫茹、郭辉，2016）。

第二节　环境与心理

环境伦理学旨在探讨人们应该遵循的道德原则，为道德行为提供指导性的建议（Fortin et al.，2016）。而道德心理学重点描述人们的心理和行为是如何受到环境影响的，并对其加以预测和干预。个体不是独立存在的，而是生存在环境中。随着时代的不断发展，人们的生存环境也发生了一些变化，比如全球气候变暖和环境污染。在这些变化的过程中，个体的道德行为是否也随之发生了改变，成为近年来心理学的研究热点。

一、空气污染与道德行为

空气污染目前已成为影响全人类的严重问题。在空气污染对人们健康和环境的危害已被人们所知的情况下，Lu 等（2018）另辟蹊径，探索了空气污染对人们不道德行为的影响。通过对 1999~2009 年美国 9360 个城市档案数据（空气污染指标和犯罪率）的分析发现，空气污染正向预测犯罪率。空气污染越严重的城市，越可能出现犯罪率增加的情况。之后，研究者通过设计实验，进一步验证了分析档案数据得到的结果。他们将被试者随机分配到观看空气污染场景的实验组或无空气污染场景的控制组，然后完成远距离联想任务（Remote Associates Test，RAT），即给被试者呈现三个线索词，要求其写出第四个与其相关的词。之后使用计算机故障的欺骗范式，即实验者告知被试者程序出现故障：如果他们将鼠标徘徊在三个线索词下面的方框内，那么答案就会自动出来。实验者希望被试者尽量不要将鼠标放在方框内看答案，而是凭借自己的想法给出第四个词的答案。对被试者不道德行为的测量依据是他们点击鼠标偷看答案的次数。结果表明，空气污染增强人们不道德行为的倾向。在后面的两个实验中，作者改变了不道德行为的测量方式，同时测量了被试者的焦虑水平，以检验空气污染影响不道德行为的心理机制。结果表明，空气污染可能会增加人们的焦虑感，进而增大犯罪行为和不道德行为的发生概率，焦虑在其中起到了中介作用。其他研究也表明，空气污染可以增加犯罪活动（Herrnstadt et al.，2017）。

管理心理学家进一步探索了空气污染对员工行为的影响（Fehr et al.，2017）。Fehr 等（2017）对 155 名中国武汉的职员进行了连续十个工作日的调查追踪，要求他们每天完成日常记录，包括对当天空气污染的评估、自我控制资源损耗、组织公民行为、反生产工作行为以及消极情绪等量表的自我报告。他们用自我损耗理论（Ego Depletion Theory）和认知评价理论（Cognitive Appraisal Theory）解释该现象。首先，对空气污染的日常评价可以损耗员工的自我控制资源。空气污染评价可以导致个体对其进行思维抑制，因为人们对空气污染的思考是不愉悦的。对空气污染的思考可能让人们产生悲观主义和焦虑情绪，因为它给人们带来了环境的不安全感，这些消极的感受更可能促使个体抑制思考。而思维抑制的副作用使这些被抑制的思考变得更可得（Accessibility），进而使人们需要更大的努力去抑制思维，从而消耗个体的自我控制资源。其次，对空气污染的评价可能增加个体对其的注意控制。当空气污染被评价为严重时，可能增加个体对其进行注意控制的需求。个体可能对其周围的环境及环境带来的威胁（如汽车尾气、工厂污染）进行更多有意识的思考。就城市职工来说，他们需要将注意力转移到工作上而非窗外的环境污染。因此，这种注意控制增加了个体的自我控制损耗。由于没有充足的自我控制资源，因此自我控制损耗的员工更可能违背组织规则，发生反生产工作行为，减少组织公民行为。Fehr 等（2017）还发现，雾霾评价的负面效应受到特质性自我控制的调节作用。相比于低特质性自我控制的个体，高特质性自我控制的个体由于拥有更多的自我控制资源，因此雾霾评价对其的组织公民行为和反生产工作行为的影响更少。

二、道德圈层与亲环境行为

哲学界的一个争论是获得道德关怀资格的问题，即自然存在物是否拥有道德关怀的资格，是否应被纳入人类道德共同体中，这样的伦理学界限怎么划分。多数哲学家坚持古老的仁慈主义的伦理学范围，将自然存在物划分到家畜的范畴中，但激进的哲学家们认为道德关怀应该扩展到所有的生命形式。对不同形式的道德共同体范围的划分大致可以分为动物中心论、生物平等主义和生态平等主义（王莹莹、董军，2019）。以人类为中心的道德关怀范围逐渐扩展到动物界，使动物拥有道德关怀资格是绿色哲学发展的一大步，也是人类自身道德境界的卓越提升（王莹莹、董军，2019）。

2008 年，西班牙成为第一个将基本"人权"扩展至大猩猩的国家（例如，生命权、免受虐待的自由）。2012 年，新西兰的旺格努伊河（Whanganui River）被官方授予法人地位，在法律上成为拥有"权利和义务"的"人"。新西兰政府的条约谈判部长 Chris Finlayson 说："我知道有些人的第一反应是：赋予自然资源法律人格非常奇怪。但是，家庭信托、公司或法人社团也拥有法律人格，两者并无不同。"2015 年，教皇 Francis 在联合国大会上发表了关于环境天赋权利的演讲，认为所有的生物都有内在的价值（Goldenberg &

Kirchgaessne，2015）。上述这些例子表明：道德边界——哪些实体应该得到道德考量和哪些实体不能得到道德考量之间的区别，正在随着时间推移逐步扩大（Crimston et al.，2016）。尽管道德边界存在扩大趋势，但普通人对诸如河流和动物的道德考量的反应仍然存在个体差异。一些人认为对河流和动物进行道德考量是荒谬的，而有一些人则认为道德关心应该囊括更大的范围。人们道德关心的范围或程度是一个非常重要的问题，因为道德判断和对待他人的伦理性依赖于人们的道德边界。在道德边界之外的实体可能被人们进行可怕的对待而极少考虑它们的福利（如活牲口贸易、大屠杀），并且重要的社会和政治争端经常集中在这些处于道德边界上的实体（如胎儿）。因此，探明个体在道德关心范围上的差异及其相应后果就变得非常重要。Crimston 等（2016）首次在实证层面上界定了道德范围概念，即值得进行道德考量和对待的实体范围，并开发了相应的测量工具——道德范围量表（Moral Expansiveness Scale，MES）。一些道德范围小的人，可能只关心那些亲近范围的实体，如他们的家人；而一些道德范围大的人，其道德边界可以扩展到更远的距离，如动物或植物。因此，道德范围可以反映个体道德世界的幅度。Crimston 等（2016）在测量道德范围时，主要考虑三个元素：①道德关心的等级评定；②实体的范围；③当选择的实体包含物时，考虑到个体代价。在道德范围量表中，被试者要把实体放在已定义好的四个边界内，标明不同实体的相对道德位置：①内部圈（an inner circle），这些实体值得最高道德考量，你有道德责任去确保它们的福利，对待它们有个人责任感；②外部圈（an outer circle），这些实体值得中等程度的道德关心和考量，你会考量如何对待它们，然而你的个人责任感降低；③道德关心的边缘（fringes of moral concern），这些实体值得最小程度的道德关心，但是你不会在对待它们上觉得富有道德责任或个人责任；④道德边界之外（outside the moral boundary），这些实体不值得道德关心，觉得对待它们富有关心和个人责任感是没有意义的。这四个界限的计分为：内部圈＝3、外部圈＝2、道德关心的边缘＝1、道德边界之外＝0。平均分反映出个体道德世界的范围。Crimston 等（2016）选取了30个实体，涉及10个分类：家庭和朋友、内群体、外群体、尊敬的人们、耻辱的人、坏人、高感知能力的动物、低感知能力的动物、植物和环境。30个实体的得分范围在0～90分。Crimston 等（2016）发现，一般来讲，人类目标值得最高的道德关心和考量（除非他们做了坏事），非人类目标（包括动物、植物和环境）也会得到一定程度的道德考量。道德范围量表得分高的个体，报告出更高水平的同情和观点采择能力，更可能基于对他人幸福和防止伤害他人的考虑进行道德判断，通常报告更高水平的普世价值观，更愿意捐赠人体器官，为动物和环境保护做出经济贡献，更具有自我牺牲精神，更愿意牺牲个人时间参与公益活动。

绿色哲学发展下的道德共同体范围由人类中心扩展到动物界乃至整个生物界，为生命存在物的平等奠定了坚实的基础。将所有有生命和无生命的自然存在物纳入道德关怀的范围是一种"天人合一"的终极关怀境界，对于改变人类的生活理念、生活态度和构建绿色和谐社会具有重要的现实意义（王莹莹、董军，2019）。

第三节　绿色管理

改革开放初期，我国主要采用"先污染后治理"的粗放型经济增长模式。随着我国社会经济的快速发展，环境问题日益凸显，污染物大量排放和不可再生资源的过度消耗，导致了生态环境的恶化，企业在其中有着不可推卸的责任。面对日益严峻的生态环境问题，企业需要响应国家号召，进行生产转型升级、节能减排和污染防治，不仅要发展生产，更要保护自然环境（李新昇，2019）。因此，企业在发展和管理上面临着更加严峻的考验。关于企业如何实施绿色管理，现有研究多从组织层面和个体层面展开：前者涉及如绿色人力资源管理、企业环境政策等方面，后者则关注员工个人的绿色行为。

一、绿色人力资源管理

近年来，企业污染环境事件不断被曝光，环境污染丑闻直接降低企业声誉、影响企业形象（唐贵瑶、陈琳和袁硕，2019）。企业声誉关乎企业竞争优势。在全民追求绿色生态发展的背景下，企业作为经济主体，环境管理成为重中之重，企业利益相关者评价企业时开始考虑环境管理因素（李维安，2016）。同时，学界也开始思考如何对企业的管理职能进行优化，兼顾环境保护和经济效益。人力资源管理在组织中处于重要的战略地位，它在激发员工的能动性以实现企业的绿色目标中起着重要作用（杨光，2003）。越来越多的研究开始关注企业管理中人力资源管理与环境管理的结合（Jose & Jabbour，2011）。由此，绿色人力资源管理概念应运而生。

绿色人力资源管理是把绿色意识纳入组织管理，借助人力资源管理措施来促进组织绿色战略目标的实现，旨在提升积极的环境产出，达到组织持续发展的目标（侯楠、彭坚和杨皎平，2019）。绿色人力资源管理对传统人力资源管理进行优化，期望通过绿色的人力资源管理措施使企业实现环保目标和可持续发展，追求长远利益（唐贵瑶、陈琳和袁硕，2019）。作为绿色管理的一种硬手段，绿色人力资源管理是从制度、政策层面对员工绿色行为进行规范化管理（彭坚等，2020；Dumont et al.，2017）。

绿色人力资源管理受很多因素影响，现有研究表明，影响绿色人力资源管理的前因变量涉及领导力、战略、文化、组织结构、技术及报告实践等组织因素和环境管理知识、环保意识、绿色经历及人口统计特征等员工因素（Ren et al.，2018）。我国学者唐贵瑶等（2015）则将绿色人力资源管理的影响因素分为微观层面和中宏观层面，微观层面的前因变量包括绿色战略导向、绿色领导风格、绿色组织文化；中宏观层面的前因变量包括绿色全球化趋势、政府环保压力、利益相关者环保诉求。

企业实施绿色人力资源管理，对组织的可持续性发展具有重要影响（Bombiak & Marciniuk，2018），具体表现在组织层面和员工层面。在组织层面：现有研究表明，绿色导向的员工招聘、培训开发等绿色人力资源管理具体措施（Mandip，2012），可以促进企业实现环境可持续（Renwick，Redman & Maguire，2013）、提高企业环保绩效（Jabbour et al.，2013；Simpson & Samson，2010）、提高企业声誉（唐贵瑶、陈琳和袁硕，2019），从而有助于优化企业品牌效应；在员工层面：绿色人力资源管理实践会通过培训、授权等方法，激发员工的环保动机和环保热情，提高员工的环保能力，为员工提供环保机会，进而增多员工在工作场所中的绿色行为（陈琳，2018；Dumont，Shen & Deng，2017；Zibarras & Coan，2015；Pinzone et al.，2016；Pham et al.，2019；Ren et al.，2018）。此外，绿色人力资源管理还会影响除绿色行为以外的其他员工行为，如提高员工的任务绩效（Shen et al.，2018）。唐贵瑶等（2015）指出，绿色人力资源管理会对员工的工作—家庭生活平衡、员工离职率等产生影响。但是，到目前为止，绿色人力资源管理的研究文献还较为零散。

人力资源管理一般包含人力资源规划、招聘与配置、培训与开发、绩效管理、薪酬福利管理和劳动关系管理六大模块。绿色人力资源管理的实践，可以在这些模块中融入环保概念，为企业赢得绿色竞争优势（韩钰，2020；唐贵瑶等，2015；赵素芳、周文斌，2019）。企业进行绿色人力资源管理的有效措施包括：①在人力资源管理的规划方面，企业可以制定详细的绿色管理手册，在制度层面对员工的绿色行为进行指导和规范，在绿色理念宣传方面加大投入力度，使绿色管理的理念贯穿企业的各个层面（陈琳，2018）；②在人员招聘与配置方面，可以将环保理念作为员工选拔的参考标准，在人才选拔环节将待选人才对绿色经济的了解情况及其自身的环保责任意识和处理环保问题的能力等作为考察内容，并将企业资源适当向此类员工倾斜；③在员工培训与开发方面，需要培养员工的绿色行为能力，逐步加强员工对环境保护相关知识的学习，持续更新员工的环保理念（程方，2020）；④在绩效管理和薪酬福利方面，将环保行为作为员工的考核标准之一，并实行相应的奖惩措施（程方，2020）。

二、员工绿色行为

绿色管理在企业的落地和有效实施，不仅需要企业制定相关的绿色措施，更需要每一名企业员工的配合和积极参与。因此，员工绿色行为是企业成功履行环境责任的关键因素（黄亮等，2019；侯楠、彭坚和杨皎平，2019）。绿色行为（Green Behavior），也被称为具有环保意义的行为（Environmentally Significant Behavior）或亲环境行为（Pro-environmental Behavior），主要指个体采取的尽可能把对环境的负面影响降到最低或者对环境保护有积极影响的行为（黄亮等，2019；Steg & Vlek，2009；Stern，2000）。员工绿色行为则将个体的亲环境行为限定在工作场所，是员工主动参与的有利于环境保护的行为，其可表现为随手关灯、关闭电脑屏幕、参与公司组织的拼车活动等在工作场所中节能减排的行为，也包括学习环保知识、与同事分享环保知识、鼓励同事节约和循环利用资源、个人劝说管理层实行远程办公或向管理层提出加强对废弃物回收利用的意见，以及开发绿色产品等行为（黄亮等，2019）。

影响员工是否产生绿色行为的前因变量大致可以分成个体因素、领导风格、组织变量三类：

（1）个体因素。Kim 等（2017）发现员工的尽责性可以正向影响其绿色行为，高尽责性的员工往往表现出高责任心和高自我调节能力，由此激发绿色行为。员工的环境价值观可促进员工绿色行为的形成（李文杰，2016；王京，2017）。具有利益相关者价值观的员工会了解承担企业社会责任的重要性，在日常工作的决策与行为中会考虑到各个利益相关者，并关注生态与社会福祉，因而会展现出绿色行为（邢璐等，2017）。个体的生物圈价值观（Biosphere Values）（Ruepert，Keizer & Steg，2017）也能够促进其绿色行为。情绪也可以影响员工实施绿色行为。Bissing-Olson 等（2013）发现，当员工感到平静、放松和满足时，就倾向于以绿色的方式完成他们所需要完成的工作。

（2）领导风格。现有研究表明，环境变革型领导也叫绿色变革型领导（彭坚等，2020；汤敏慧、彭坚，2019；Graves，Sarkis & Zhu，2013；Robertson & Barling，2013）、精神型领导（Afsar，Badir & Kiani，2016）、伦理型领导或道德型领导（刘欢鑫，2020；唐贵瑶、陈琳和袁硕，2019；张佳良、袁艺玮和刘军，2018）、责任型领导（齐慧杰，2019；杨晓彤、周琼瑶，2020）等都可以影响员工绿色行为。例如，齐慧杰（2019）对 288 名企业在职员工的调查发现，责任型领导正向影响员工的环保组织公民行为，员工责任感知在两者之间起到了中介作用。伦理型领导表现出的道德行为与管理方式会为员工树立道德榜样，促进员工模仿学习，提升他们的道德水平与绿色意识，进而促进员工产生环保行为（张佳良、袁艺玮和刘军，2018）。

（3）组织变量。王京（2017）通过对8家与环保高度相关的企业和协会的23名员工进行访谈后发现，影响员工绿色行为的绿色组织文化包括绿色理念文化、绿色制度文化、绿色行为文化和绿色物质文化。绿色组织文化通过影响员工的绿色行为意识，进而对其绿色行为产生影响。员工感知到的公司环保行为/环境责任实践可以促进其绿色行为的发生（Lamm，Tosti-Kharas & King，2015；Manikad et al.，2015）。当员工感受到组织支持时，便会响应组织号召，实施绿色行为。因此，组织支持感可以预测员工的绿色行为（Paille & Raineri，2016）。组织绿色氛围通过向员工传递绿色的意图与价值观，从而促进任务型绿色行为的实施（Norton，Zacher & Ashkanasy，2014）。

员工实施绿色行为后，会降低组织的能源成本，使组织树立良好的企业形象，增强组织的声誉和竞争力（杨晓彤、周琼瑶，2020）。因此，员工绿色行为可以使员工和组织同时受益，如提高员工工作满意度、促进员工职业发展和提高组织绿色绩效。研究表明，员工在践行绿色行为的过程中会收获更多的满足感（Lee & De Young，1994），也会提高其未来进行绿色行为的意愿（Osbaldiston & Sheldon，2003）。Bauer 和 Aimansmith（1996）发现，员工追求绿色环保的行为方式，会使其拥有更多的社会获得感。这不但会提升其自身形象，获得工作机会，还会为其晋升创造有利条件。员工绿色行为还可以减少组织资源的消耗（Chen，Li & Wong，2002），提高组织环境绩效（Chen et al.，2015；Paill et al.，2014；Boiral，Talbot & Paill，2015）。

通过文献回顾可知，以往对员工绿色行为的研究主要关注工作场所中影响员工绿色行为的个人特征（如积极情绪和亲环境态度）和组织因素（如领导者的领导风格）。Barrick、Stewart 和 Piotrowski（2002）认为，性格特征通过近端动机变量对个体行为进行塑造。Kim 等（2017）主张道德反思（Moral

Reflectiveness）是员工主动做出工作场所绿色行为的近端意图变量，因为个人道德是个体对环境问题进行关注和承诺的潜在因素（Feinberg & Willer，2013）。环境道德是影响环境行为的基础变量（Tanner，1999；Black，Stern & Elworth，1985）。具备高度环境道德的人，往往拥有较高的社会责任感，更加关注人类生活整体的环境质量以及后代的生存条件，对人们生活环境中存在的危机和可能产生的后果的认识更加深刻，从而更容易实施可持续的环保行为（Blarney & Braithwaite，1997；Guagnano，Stern & Dietz，1995）。由此可见，个体的道德反思能力，是个体实施绿色行为的重要影响因素。道德反思是个体道德专注力的核心维度，而道德专注力表现为个体区分道德和非道德刺激的能力。作为影响个体绿色行为的重要近端意图变量，道德专注力的内涵、测量方法和对绿色行为的预测效果，需要研究者加以关注和深入研究。因此，在本书中，我们将重点分析道德专注力的概念及内涵，并通过实证的方法，开发道德专注力的测量工具，检验其在个体绿色行为上的重要预测作用。

第二章　道德专注力

亚当·斯密在其著名的《道德情操论》中写道："我们对自己所受到的伤害以及痛苦的感受是不同的，有的时候会非常强烈，但有的时候却可能非常微弱。那些对自己的不幸几乎无动于衷的人同样也无动于衷别人的痛苦，更别提去帮助别人摆脱这种痛苦了；那些自己受到伤害却麻木无知的人，对别人受到的伤害也肯定是见怪不怪的，更别提保护别人或者为别人复仇；那些对自己行为漠不关心的人，肯定也会对我们现实生活中的一切变故视而不见、麻木不仁。而推崇美德的要义恰恰就在于关注，如果我们完全不考虑我们行为的后果，我们怎么会去追寻我们行为的真正意义呢?"

感知到道德问题的存在是进行道德决策的第一步。在实际生活中，人们常常需要在复杂情境下发现道德问题，而非对道德问题进行直接判断，因为发现问题在解决问题之前（郑信军，2008）。人们如何区分什么行为是对的（或错的），对日常生活的很多方面都有重要影响（Hofmann et al.，2014）。例如，个体如果不能意识到垃圾分类所涉及的道德内涵，则很难想象其愿意在生活中实施垃圾分类行为。Reynolds（2008）提出了道德专注力的概念，用以解释个体对生活中道德方面问题的感知和关注的程度。这一概念的提出，对我们理解日常道德问题具有重要意义。本章将从道德专注力的概念、测量及研究进展等方面进行回顾和总结，以期未来道德专注力可以得到学者们更多的关注和实证检验。同时，我们将讨论道德专注力与绿色行为的关系，探讨在绿色管理背景下研究道德专注力的必要性。

第一节　道德专注力研究进展

一、概念辨析

道德专注力（Moral Attentiveness）指个体在其经验中长期感知、关注道德内容的程度（Reynolds，2008；赵立，2012）。并非所有的人都对生活事件持有共同的投入，一些人对生活事件的道德方面持有兴趣和关注，而另一些人则对生活事件的道德方面保持冷漠，因此，个体对日常经验中道德内容的兴趣和关注程度是不同的。道德专注力体现为较为稳定的个体间差异，它解释了个体在其生活经验中长期形成的知觉和思考道德元素的现象，其理论基础是社会认知理论（Social Cognitive Theory）。社会认知理论认为行为结果是由个体、刺激和两者的交互作用决定的。Fiske 和 Taylor（1991）指出，注意由三个因素决定，即突出性（Saliency）、鲜明性（Vividness）和可达性（Accessibility）。突出性取决于即时的背景信息；鲜明性是刺激本身所固有的特征；可达性是个体的认知图式，以及其识别刺激的能力。可达性的来源一般分为暂时的和长期的，前者可通过综合性信息激活个体的认知图式，后者则是个体长期经验的累积和自动化加工。道德专注力属于社会认知的范畴，它为个体提供了一种认知框架（赵立，2010）。Reynolds（2008）认为，那些长期使用道德框架的个体，对于输入的新刺激，关注其道德方面，并依靠以往经验对其进行解释。道德专注力涉及注意的两个维度：对输入刺激进行自动加工的知觉维度（即道德知觉）及个体对道德进行有意识的反思和检验的思考维度（即道德反思）。

对道德问题的识别是道德决策的第一步。传统研究多用道德意识（Moral Awareness）和道德敏感性（Moral Sensitivity）解释个体面对道德问题的差异。在描述个体如何识别和确认道德问题时，有三个存在细微差别但同时又非常重要的概念：道德意识、道德敏感性和道德专注力。这三个概念非常重要，是因为它们都和道德行为有关。它们是道德认识（Moral Recognition）的三个不同成分（Reynolds & Miller，2015），道德专注力和道德意识、道德敏感性在概念、理论来源、研究方法和实证结果上均存在区别。

首先，从概念上看，Reynolds 和 Miller（2015）指出，道德意识指个体的事件体验，道德敏感性指个体达到道德意识的个人技能，道德专注力则抓住了将事件知觉为道德实践的固有倾向。在最基本的水平上，道德意识是个体对某个情境是否包含道德内容及是否可以从道德的视角判断其正当性进行考虑，即个体对一个包含着道德内容的情境的确定（Reynolds，2006b）。它是个体认为一个情形是否属于道德情境的决定（Reynolds，2006a）。研究表明，道德意识是由问题的道德特征所激发的（Butterfield，Treviño & Weaver，2000），因此，如果问题的道德特征的强度足够大，任何人都可以产生道德意识。相反，道德专注力是个体主动寻求和思考刺激的道德方面内涵的认知过程。由于道德专注力是由道德线索长期的可达性导致的，道德专注力更可能出现在道德意识之前，因此，道德专注力是道德意识的前因变量。道德敏感性是当道德问题存在时，个体识别情境中道德问题的能力，它假设存在一个客观的外部事件。客观的外部事件是形成和展现这种能力的关键（赵立，2010）。相反，道德专注力并不需要一个特定的目标，它使任何刺激对个体而言都可以具有道德维度（赵立，2010）。当然，更大的道德专注力意味着个体更可能意识到经验的道德方面，因此道德专注力高的个体在面对特定的道德问题时，更可能表现出更大的道德敏感性。

其次，从理论来源看，道德意识和道德敏感性是基于道德认知发展理论所提出的概念，两者都将信息作为客观的道德外源因素。科尔伯格的道德认知发展理论主张道德知识和道德判断主要通过推理和反思获得，在推理过程中虽然有时会有道德情感参与其中，但不是道德判断的直接原因（彭瑶，2013）。然而，Reynolds（2008）认为，基于认知发展理论产生的道德意识和道德敏感性概念，对道德研究存在一些负面影响。认知发展观将信息作为客观的外源因素，排除了道德观念。例如，认知发展的视角关注的是客观的道德问题，如撒谎、欺骗和偷盗，而排除了更为世俗的问题，如服饰和饮食。对于传统的犹太人和素食主义者来说，服饰和饮食是道德问题。很明显，假设一个客观的道德问题不能解释个体、信息和道德观念的交互作用。道德专注力的理论来源是社会认知理论，认为行为是由个体、刺激和两者的交互作用决定的。道德概念是个体在其生活经验中长期形成的知觉和思考道德元素的现象。

再次，从方法学的视角看，认知发展观需要一个包含道德敏感性和道德意识问题的道德事件，通过设定情境故事和呈现特定的道德情境，测量和评估个体的反应，如访谈或给予和情境有关的陈述式项目，导致现有的测量方法在预测效度和外部效度上存在局限。Reynolds（2008）开发的道德专注力量表则不依赖于任何的特定事件。该量表包含道德知觉和道德反思两个维度。前者是个体认识到日常经验的道德方面的程度；后者是个体考虑、反思道德事情的程度。前者主要涉及信息的编码，后者涉及的是内省和行动，两者结合在一起促使个体朝向道德内容的长期注意。对 159 名 MBA 学生进行道德专注力和道德意识测量的结果表明，道德知觉不能预测道德意识，道德反思与道德意识存在正相关。个体的道德专注力高，其道德意识往往也高，通常会较多地关注存在于任何情境的一般道德问题。无论这种情境是否存在明显的道德特征，道德专注力高的个体都会更多地意识到日常经验的道德内容，并在面临道德问题时表现出较强的道德敏感性（Reynolds，2008；赵立，2010）。

最后，从实证视角看，道德敏感性和道德意识需要一个道德事件驱动道德决策，会阻碍研究者确定道德事件非直接的后果，如研究者不能考虑个体对道德事件的注意是如何影响到个体更一般的行为的。Reynolds（2008）说明了道德专注力可以预测特定的（回忆和报告与道德相关的行为和意识）以及更为一般的道德行为。由此可知，道德专注力是比道德意识和道德敏感性更一般和更抽象的概念（赵立，2010）。另外，道德敏感性和道德意识与年龄、性别和受教育水平等变量有关，但道德专注力与这些变量不存在关系。总之，道德意识、道德敏感性和道德专注力三者之间联系紧密，却又存在细微差别。

二、测量与诱发

Reynolds（2008）开发了道德专注力量表（Moral Attentiveness Scale，MAS）。该量表为李克特式 7 点计分（1 代表完全不同意，7 代表完全同意），共包含 12 个条目，对应两个子量表：道德知觉（7 个条目）和道德反思（5 个条目）。在 Reynolds 的 5 个研究中，道德知觉分量表的 Cronbach's α 系数在 0.84~0.91，道德反思分量表的 Cronbach's α 系数在 0.80~0.88。诺莫网络（Nomological Network）是探索构思效度的一种思路，当提出的构念较新，或者所测量构念的属性尚不清晰时，需从外部寻找相应的构念证据，这种方法称为诺莫网络技术。通过诺莫网络技术对外部独立的、已证明的构念进行相关分析以开展构思验证，可使尚不清晰的新构念更加清晰（段锦云、钟建安，2009；段锦云，2012）。基于这一思想，Reynolds 发现道德知觉与教养（Nurturance）、道德认同符号化（Moral Identify Symbolization）和大五人格尽责性（Conscientiousness）正相关，道德反思与教养、道德认同符号化和大五人格宜人性（Agreeableness）正相关，与失范（Normlessness）负相关，尽管效果量较小，但这表明道德专注力量表具有良好的诺莫网络（法则）效度（Nomological Validity）。道德专注力量表的两个维度与年龄、性别、道德倾向（Ethical Predispositions）的实用主义（Pragmatism）和形式主义（Formalism）维度、控制点（Locus of Control）及社会赞许性偏见不相关，表明存在良好的区分效度（Discriminant Validity）。

Van Gils 等（2015）首次通过实验法，暂时性诱发被试者的道德专注力，他们要求被试者写下一个短故事，故事的主题有关其与领导的合作，在书写过程中，被试者需要注意故事情境的道德方面（高道德专注力）或商业方面（低道德专注力）。操控检查"你在多大程度上关注了这一任务的道德方面"的结果表明，高道德专注力条件下的被试者比低道德专注力条件下的被试者更多地关注情境的道德方面。这说明，通过操控道德专注力可以暂时地增强道德线索在特定背景下的显著性。

三、道德专注力的心理后效

道德专注力影响个体如何对输入的刺激进行道德相关的感知和解释（Treviño, den Nieuwenboer & Kish-Gephart, 2014）。它是一种基于道德的个体差异变量，常常作为前因变量来解释很多现象，如道德决策、不道德行为、道德想象和幸福感等。

（一）道德判断和道德行为

1. 道德判断和决策

学生在日常学习中常会面对道德两难问题，他们对道德的态度也反映出他们在学术情境下可能做出的（不）道德选择。当学生意识到他人的行为不当时，可能有不同的行为反应，如忽视看到的问题而做别的事情，或者面对做错事者，试图说服做错事者改变行为，又或者向上级打报告以阻止对方。报告不道德行为可能对学术机构有利，但都会给报告者带来消极影响，如损害同学之间的友谊、遭到同伴排斥等。因此，许多本打算报告不道德行为的学生可能在意识到消极结果后而放弃报告。由此，同伴报告可被视为一种道德两难情境。Mihelic 和 Culiberg（2014）对 299 名商学院的研究生和本科生进行了道德规范的主观知识、道德反思、道德判断、道德意图和学术不端信念的测量。结果表明，对学术不端持有积极信念将会对同伴报告的道德决策产生消极影响，学生越是认为在考试中作弊是可以接受的，他们越不可能报告同伴的作弊行为；道德反思对同伴报告的道德决策具有积极作用，一个人越是在日常经验中经常思考道德问题，就越可能做出报告同伴作弊行为的道德决策。这表明，道德专注力是道德决策的一个前因变量。未来对道德的研究可将研究对象从学术诚信扩展到其他领域，如绿色环保行为和商业诚信等。

一个决策是道德的，意味着其对于更大的团体来说在道德上是可以接受的，而不道德决策是违背人们广泛接受的道德标准的。工作场所中的不道德决策包括对顾客撒谎、偷盗、改写经济报告、消极怠工和其他一些违法行为等。工作场所中的不道德决策具有很大的危害性。为了了解个体如何形成道德判断，我们需要弄清楚个体频繁关注经验中的道德方面的可能结果。Sturm

（2017）检验了道德专注力在个体水平上对不道德决策的抑制作用。他先让199名本科生完成了道德专注力量表，一周后，这些本科生完成了道德意识测量、道德原型准确性测量和"记忆练习"任务等。"记忆练习"任务表面上是测量被试者的记忆力，而实际测量的是不道德决策，因为被试者在该任务中有机会进行欺骗以获得现金。在该任务中，英文字母被打乱，要求被试者拼成单词，在任务开始之初被试者被告知桌子上有装有4美元的信封，每拼出一个单词，会多得0.5美元。被试者必须按顺序逐个完成拼词，不能随意跳到下一个单词。被试者一共有15分钟完成任务，之后自己报告结果，这一过程取决于被试者的诚信，因此被试者有机会进行不道德决策。结果发现，道德知觉和道德原型的准确性正相关，道德知觉得分越高，道德原型的准确性越高；道德原型越准确，个体欺骗的可能性越低；道德原型准确性是道德知觉和欺骗决策之间的中介变量；道德反思与道德意识正相关；对情境具有更高的道德意识可以减少不道德决策；道德反思与不道德决策负相关，道德意识在其中起到了部分中介作用。这些结果说明，基于道德的个体差异变量在减少不道德决策中起着重要作用。道德决策包括无意识的和有意识的两条路径。无意识的决策路径得到支持是因为道德知觉通过更准确的道德原型的部分起中介作用，与更少的欺骗决策相联系；有意识的决策路径得到支持是因为道德反思通过道德意识的部分起中介作用，与更少的欺骗决策相联系。

2. 回忆和报告与道德相关的行为

道德专注力可以影响个体回忆和报告与道德相关的经验，进而影响道德意识，最后影响道德行为。Reynolds（2008）研究发现，在控制了性别、年龄、社会赞许性、内化和符号化的道德认同后，在回归模型中加入道德知觉和道德反思，可以显著增加对自我报告的慈善捐赠行为的解释能力。Reynolds（2008）在一项子研究中，对242名经理进行了间隔一周的在线调查，要求其完成自我报告的道德行为量表、他人的道德行为量表和道德专注力量表等。结果表明，个体在道德知觉分量表上得分越高，其自我报告的不道德行为越多；在控制了性别、年龄、社会赞许性、内化和符号化的道德认同后，在回归模型中加入道德知觉，可以显著增加对个体报告的自我不道德行为和他人不道德行为的解释能力。道德专注力更强的个体可能对其日常行为的潜在道德维度具有更强的识别性，因此道德知觉影响他们对其自身和他人行为的道德评价。Reynolds（2008）在另一项子研究中，将来自两个MBA班的126名学生分成3~5人的小组，在学期初安排一项长期的合作项目作业，项目作业需要小组成员每周投入1~2个小时，其得分将作为小组成员的期末成绩。项目结束后，学生要完成道德专注力量表并且评价小组成员在该项目过程中的道德行为。结果表明，个体在道德知觉上的得分越高，其对他人道德行为的评价越严格。因此，总的来讲，道德专注力高的个体更多地回忆与道德有关的行为，如倾向于夸大经验中的道德内容。道德专注力高的个体将更多地表现出道德行为，道德专注力能够促进个体有意识地做出道德行为，也能影响个体对行为备择项的评估，从而指导个体以一种自动化的方式行动（Reynolds，2008；赵立，2010）。总的来看，现有关于道德专注力对道德行为的影响研究，在道德行为的测量上，多采用的是主观报告的方法，未来需要设计巧妙的实验任务，考察个体实际的道德行为。此外，不道德行为还可以细分为为了个人私利的不道德行为和为了他人或组织的不道德行为，即不道德亲组织行为（Umphress，Bingham & Mitchell，2010）。道德专注力的不同成分是否可能对这两类不道德行为产生不同的影响，需要未来进一步探索。

3. 伦理型领导和下属不道德行为

工作场所越轨行为是企业商业损失的一个重要来源。缺少伦理型领导被认为是越轨行为产生的一个重要的前因变量。现有研究多关注伦理型领导如何影响下属的道德判断和道德行为，研究焦点是伦理型领导，将下属作为一个被动的信息接收者，这就可能忽视了下属特性可能是伦理型领导的边界条件，即下属对伦理型领导的反应存在个体差异，一些下属比另一些下属更多地关注领导者的道德方面。Van Gils 等（2015）研究证明，道德专注力是伦理型领导和员工不道德行为之间重要的调节变量。道德专注力更高的下属更可能自动化地以道德的视角知觉和解释领导的行为，因此其对于领导者的行为或结果是否道德更为敏感。Van Gils 等（2015）在研究一中，招募 210 名焦点员工（Focal Employee）完成伦理型领导和道德专注力问卷，216 名相应的同事完成针对焦点员工的工作场所越轨行为的问卷，结果发现，在伦理型领导和工作场所越轨行为之间的关系上，高道德专注力的下属要强于低道德专注力的下属，高道德专注力的下属对低伦理型领导的上司会表现出更高水平的工作场所越轨行为。这说明相比于低道德专注力的下属，低伦理型领导更可能刺激高道德专注力的下属出现越轨行为。Van Gils 等（2015）在研究二中，通过使用场景描述的方法，进行了 2（高伦理型领导 VS. 低伦理型领导）×2（高道德专注力 VS. 低道德专注力）的被试间实验设计。结果发现，伦理型领导和道德专注力在越轨行为上的交互作用显著。在低伦理型领导水平上，高道德专注力的个体比低道德专注力的个体表现出更多的越轨行为。而在高伦理型领导水平上，高、低道德专注力的个体在越轨行为上不存在差异。这说明，高道德专注力条件下的个体比低道德专注力条件下的个体对伦理型领导的反应更为强烈。高道德专注力促使下属对领导行为的评估基于领导行为是否违背道德标准，增强了其对道德违反的敏感性。低道德专注力使下属在评估领导行为时关注的是其他方面。道德专注力是一个帮助员工评估和采取行为以恢复工作环境中道德平衡的心理机制。尽管高道德专注力的下属对道德行为有更强的偏好，但是在评估了道德不平衡后，他们可能借助不道德行为，将其作为信号或途径以报复上级。例如，下属通过有意延长休息时间或消极怠工的方式，惩罚缺少道德行为的领导者。

（二）幸福感和满意感

Giacalone、Jurkiewicz 和 Promislo（2016）探讨了有关道德价值和信念的个体差异变量和幸福感的关系。在研究一中，他们对 206 名 MBA 学生进行了调查，个体道德价值和信念的测量包括道德专注力、道德认同和道德观念（Ethical Ideology），幸福感的测量包括个人成长计划（Personal Growth Initiative，PGI）、生活意义（Meaning in Life，ML）、状态性希望（State Hope）、快乐（Happiness）和自我实现（Self-actualization）。结果表明，除生活意义量表的寻求维度和自我实现外，道德知觉与其他幸福感的测量指标负相关，而道德反思与其他幸福感的测量指标正相关。在研究二中，研究者改变了对幸福感的测量因子，选择了活力、生活满意感和个人健康状况。主成分分析结果表明，三个量表可以合并成单一量表，命名为积极幸福感。结果发现，道德知觉与积极幸福感负相关，而道德反思与积极幸福感正相关。个体对道德的关注程度与其幸福感存在既有益又有害的关系，这似乎是一个悖论。具体来讲，道德知觉减少幸福感，而道德反思却增加幸福感。也就是说，思考道德问题可以增加幸福感，但注意到日常生活中的道德问题又减少幸福感。道德知觉得分越高，个体越可能对目标的道德行为进行批判，出现更多的自我报告的不道德行为，并更多地报告他人的不道德行为。这可能给个人带来一些人际压力，由此降低幸福感。然而，这一解释并不能说明为什么道德反思可以增强幸福感，未来需要进行更多的实证研究探讨道德专注力和幸福感之间的关系，并寻找其中可能的心理机制。

（三）道德想象

道德想象（Moral Imagination）是个体意识到特定环境中行为的道德意

义，并且具有对情境进行重新解释、创造对情境的可能解释的能力。道德想象有两个维度：一是换位思考，即从不同的角度而不仅仅是我们自己的角度看待特定问题、特定情境或特定案例的能力；二是创造性思维，当我们遇到两难的伦理问题时，非此即彼的选择方式是武断的，在仔细思考后往往还有另外一种可能。发挥想象力解决伦理问题的方法可以帮助我们突破老思路（刘英为，2015）。为了激发道德想象，个体需要先将一个情境解释为是与道德相关的。Whitaker 和 Godwin（2013）从社会认知理论的视角出发，对 162 对上司—下属进行问卷调查，下属完成道德专注力量表和道德想象测量，上司填写对下属创造力的评价量表。结果表明，道德专注力和员工创造力是道德想象的前因变量，那些在日常经验中长期知觉和思考道德的个体更可能具有在特定情境中识别各种道德可能性的想象力；创造力是道德专注力和道德想象关系的一个调节变量，高创造力的员工的道德专注力和道德想象间的相关性要强于低创造力的员工。

四、研究展望

道德专注力是道德心理学研究领域一个较新的概念，2008 年才由 Reynolds 提出，目前相关研究尚处于起步阶段，实证研究尤其缺乏，为研究者留下了广阔的探索空间。

（一）测量方法

社会认知理论是一个较为宏观的理论，可以应用很多不同的方法研究道德行为（Treviño，den Nieuwenboer & Kish-Gephart，2014）。Welsh 和 Ordonez（2014）通过无意识启动的方法激活道德标准，可以影响随后个体对道德模糊情境的分类和反应。道德专注力的理论起源正是社会认知理论，未来需要开发基于社会认知范式的道德专注力的测定方法，如无意识加工、启动加工、视觉搜索任务、注意偏向等。借鉴认知心理学的研究范式，研究道德行为应多采用客观的数据指标，如反应时、错误率等。Uhlmann 等（2012）指出，在组织行为学领域研究道德行为应更多地应用内隐测量方法，他们将内隐测量方法分成三类：基于可达性的测量（Accessibility-based Measures）、基于联结性的测量（Association-based Measures）和基于解释性的测量（Interpretation-based Measures）。基于可达性的测量评估的是目标概念在个体头脑中同时激活的程度。无论激活的是状态性的概念还是特质性的概念，在内隐水平上高度可达性的概念都是可以影响人们对环境进行知觉和反应的方式的。基于可达性的测量大致可以分为三种任务：词汇决定任务（Kunda et al.，2002）、单词补全任务（Johnson et al.，2010）和 Stroop 任务（Mathews & MacLeod，1985）。基于解释性的测量是评估个体对于复杂和模糊信息的反应和推论。其潜在假设是个体长期的可达性动机或世界观在对自己行为或对他人行为的归因解释上存在差异。基于解释性的测量常用的方法有主题统觉测验（Morgan & Murray，1935）和条件性推理测验（James，1998）。Reynolds 等（2010）发现内隐图式可以影响道德行为。未来，研究者可根据道德专注力的特点和研究目的，选择合适的内隐测量方法，也可以比较内隐和外显的道德专注力的异同。由于具有高度的可控性，实验室实验可以帮助我们更好地理解心理过程和心理机制（Treviño, den Nieuwenboer & Kish-Gephart，2014），所以未来也可进行实验设计，更加直接地检验道德专注力和道德决策、道德行为之间的因果关系。

（二）相关变量

个体面对道德问题会有一个重新构建的过程（夏福斌，2014），Reynolds（2008）提出的道德专注力概念就是对这个构建过程的解释。未来的研究需要对个体道德专注力及其心理机制进行更为全面的探讨。首先，需要探讨什么因素可以增加个体道德专注力，如受教育程度和信教情况等。其次，道德专注力可以解释哪些现象，或者可以产生哪些行为结果。Hofmann 等（2014）追踪 1252 名普通成年人的日常道德经验，要求他们连续 3 天在 9～21 点的五个随机时间点，报告在过去的几个小时内，他们是否进行了或目睹了道德或不道德行为。所有被试者一共提供了 13240 个报告，但只有 28.9% 反映的是与道德（或不道德）相关的事件。大部分被试者报告的是与道德不相关的事件，其中可能的原因是道德专注力，即道德专注力可能是影响被试者报告道德/不道德行为比例的关键变量。

道德压力是个体对其是否有能力完成道德责任时的不确定的心理状态，这一概念首次在 Reynolds 等（2012）中提出。Reynolds 等（2012）指出，道德专注力可能调节认同凸显性（Identify Salience）、相关利益者凸显性（Stakeholder Salience）和道德压力之间的关系。然而，Reynolds 等（2012）仅仅是提出了变量间关系的理论设想，并未实际收集数据证实假设。因此，未来需要更多的实证数据检验相关假设。

（三）教育培训

不道德行为可以给组织带来巨大的损失。研究表明，道德专注力和道德行为之间存在关系，说明道德专注力可以作为筛选员工的途径之一。另外，文化可以影响道德信息长期的可达性。如果组织可以创造伦理文化氛围，引导员工对道德概念多加注意，那么员工可能就会发展出自己的道德专注力人格，从而表现出更多的道德行为。Wurthmann（2013）对 224 名上过组织行为学核心课程的本科生进行了伦理教育，并让学生填写伦理和社会责任知觉量表和道德专注力量表。结果发现，商业伦理教育与道德知觉、道德反思正相关；道德反思与利益相关者视角的伦理和社会责任知觉正相关。这说明，道德专注力是个体具有可塑性的一种心理特质。未来我们需要继续开发道德专注力这一概念，将其纳入员工道德品质的筛选标准，同时寻找可能提高个体道德专注力的方法，并对员工进行有针对性的伦理教育，切实提高个体的道德水平。

第二节　道德专注力与绿色行为

如前文所述，道德专注力是道德决策的一个前因变量。以往研究发现，在面对道德两难困境时，道德反思程度越高的学生，在日常经验中经常思考道德问题，越可能选择报告同伴不诚实行为的道德决策（Mihelic & Culiberg，2014）。Davis（1977）将伦理困境定义为在现实状况下个体在做"好事"与做"对事"之间无法抉择或无法获得满意结果的情景。伦理困境存在于很多领域，这其中也涉及环境行为领域。许多企业可能面临着保障企业的生存与实现盈利和保护环境与增加企业成本的伦理困境（韩钰，2020）。而个人在日常生活中，也常常会面临伦理困境。例如，员工在日常上下班通勤过程中，是选择节约时间，使用自驾车，还是选择牺牲个人舒适度和增加时间成本乘坐更为环保的地铁或公交车等公共交通工具。在家庭生活领域，垃圾分类本质上是个体自愿进行的环保行为，但个体在准确分类垃圾时往往要支付时间、精力或其他成本，这也常常使个体陷入伦理困境（韩钰，2020）。与此同时，近年来，社会上的环境道德失范事件也提醒我们需要关注个体的环境道德意识。由于环境道德意识的缺失，许多个体在实际生活中无法做到以环境道德来约束自己的行为，如随手关灯、回收再利用办公资源、节约用水、使用一次性餐具等。

破除个体应对环境伦理困境的重要前提是个体能对绿色行为形成正确的道德认知。当我们将有关环境问题的道德认知、道德情感、道德意志在道德实践中化为内在的自觉之后，就形成了真正的环境责任意识（单勇杰，2019）。构建推动社会绿色发展的道德机制，个人主体是最为重要的一环。个人道德是影响个人关注环境问题的主要因素，目前对于个体日常的微小的绿色行为或可持续行为的影响因素的研究还相对较少（Lamm，Tosti-Kharas & Williams，2013）。作为构成个体道德认知的重要环节，道德专注力可能是影响个体绿色行为的重要前因变量。根据 Reynolds 的定义，道德知觉决定了个体在日常生活中对道德的感知程度，主要涉及信息的编码，是个体在某种环境中能够想起道德方面问题的倾向；而道德反思反映了个体在日常生活中有规律地思考道德问题的深度和频率，是一种自觉的、自我控制的过程，也是个人规范自己行为的过程。道德知觉和道德反思共同构成了个体的道德专注力，反映了个体长期对道德内容的关心程度。作为个体差异变量，道德专注力可以解释很多现象，如道德意识和捐赠行为（Reynolds，2008）、不道德决策（Sturm，2017）、组织越轨（Van Gils et al.，2015）、道德想象（Whitaker & Godwin，2013）、工作场所的道德判断和意图（Culiberg & Mihelic，2016）等，这其中也包含工作场所的绿色行为（Kim et al.，2017）。Kim 等（2017）发现员工的尽责性可以正向影响其绿色行为，并且道德反思在尽责性和员工绿色行为之间起中介作用。这意味着，高尽责性的员工往往表现出高责任心和高自我调节能力，这有助于促进他们对自己的日常行为表现进行道德反思，从而形成符合道德规范和增进社会价值的行为倾向，由此激发员工的绿色行为。杨晓彤和周琼瑶（2020）发现，道德反思在责任型领导与员工绿色行为之间起部分中介作用，道德反思对员工绿色行为有显著正向影响，即员工反思自己在工作场所的行为对环境可持续性的影响后，会付出额外的努力从事他们认为道德正确的事，环保绿色行为便是他们为实现亲社会行为做的努力。

　　由于道德专注力结构独立于特定的情境特征，所以它提供了更高的预测性和外部有效性。道德专注力承认个体长期给予道德事项的注意量存在差异，这些个体差异与外部情境特征相互作用，进而产生道德行为，同时形成由道德相关的概念构成的心理框架。就道德关注力高的人来说，这种心理框架是长期可获得的，这就会使个体自动对未知信息进行道德评估，以及更有意地使用道德作为一个框架来反思经验（邹佳星，2020；Reynolds，2008）。然而，目前道德专注力在组织行为学领域的实证研究还比较少，并且大多数研究集中在国外，国内研究较为缺乏。道德专注力可以成为预测个体绿色行为的有效指标之一，但以往研究主要是将道德专注力作为个体道德或不道德行为的影响因素，很少考察其对个体绿色行为的影响及作用机制。因此，本书将继续深入探究道德注意力的内涵，开发有效的测量工具，并检验其对员工绿色行为的影响及作用机制，以丰富我们对道德专注力的认知。

第三章　道德专注力的测量

　　道德专注力的理论基础是社会认知理论（Reynolds，2008）。道德信息长期的可达性（Long-term Accessibility）是影响个体形成道德认知框架的关键。那些生活在强调道德的文化下的个体可能更容易意识到生活中的道德问题，更频繁地在生活中使用与"道德"或"伦理"等相关的词汇。因此，文化在塑造个体道德认知框架上可能起重要作用，并且成为长期可达性的信息来源。具有长期可达性的道德认知框架的个体更可能将外界输入的信息认定为是有关道德的。文化既可以影响个体基本的认知图式，包括知觉、思维和注意（Ji，Peng & Nisbett，2000；Masuda & Nisbett，2001；Nisbett et al.，2001），也可以影响个体的伦理态度和标准（Gholami & Tirri，2012；Husted，2000；Vynoslavska et al.，2005）。Buchtel 等（2015）发现，相比于中国人，西方人认为伤害与不道德之间的联系更为紧密，而中国人更多地将"不道德"与粗鲁和不文明行为相联系。一些被西方人认为是不道德的行为，可能并不能被中国人判断为不道德，如重视"关系"（李晓明、王新超和傅小兰，2007）。此外，中国人对"伦理"一词相对比较陌生，中国人在日常生活中很少使用"伦理"。因此，文化可能是影响个体道德专注力的因素之一。然而，现在很少有研究检验道德专注力的文化差异。当我们为了探索中国人的道德思维，并检验道德专注力对绿色行为的预测作用时，有效和可靠的测量工具是必不可少的。遗憾的是，目前还没有中国版本的道德专注力量表。因此，我们有必要将 Reynolds 英文版本的道德专注力量表中国化并在测量学上进行修订，确定道德专注力概念在中国人群中的存在，以及其包含的维度。此外，我们还需要对道德专注力与相关变量间的关系做出符合理论预期的假设，构建变量间的诺莫网络。

基于此，本章的重点是开发信效度高并且适用于中国文化的道德专注力量表，并对道德专注力在道德行为上的预测作用进行检验，以证明中国版本的道德专注力量表具有可靠的效度，同时探究其内在的认知机制。

第一节 量表开发

Anderson 和 Gerbing（1988）建议研究者先使用探索性因子分析（Exploratory Factor Analysis）探讨模型的结构和变量间的关系，之后使用验证性因子分析（Confirmatory Factor Analysis）证实理论模型的合理性。本章开发中国版道德专注力量表的目的包括两个：①明确中国版道德专注力量表的潜在结构；②对中国版道德专注力量表进行信效度检验。

一、研究1：探索性因子分析

研究1的目的是将 Reynolds（2008）的道德专注力量表（Moral Attentiveness Scale，MAS）翻译成中文，修订相应的中文条目，并通过探索性因子分析，检验量表的两因子理论维度，即道德知觉和道德反思。

（一）研究对象

在浙江财经大学招募 435 名大学生（平均年龄 20.13±1.27 岁，135 名男性，300 名女性）参与问卷调查。

（二）条目翻译

MAS 是李克特式 7 点计分量表，共包含 12 个条目，分成两个维度：①道德知觉（7 个条目）；②道德反思（5 个条目）。在 Reynolds（2008）的研究中，道德知觉和道德反思两个维度的内部一致性信度的范围分别为 0.84~0.91 和 0.80~0.88。通过邮件联系，在获得 Reynolds 本人的同意后，笔者开始着手对量表进行翻译和修订。使用标准的"翻译—回译"程序，并根据专家意见决定量表的内容效度（Sahin，Iyigun & Acikel，2015）。Reynolds 的道德专注力量表首先由笔者、清华大学深圳国际研究生院倪士光教授和 3 名清华大学深圳国际研究生院的心理学硕士生分别翻译成中文。笔者和倪士光教授对所有人员翻译的中文版本进行合并，然后由已获得美国得克萨斯大学奥斯汀分校心理统计学硕士学位和纽约大学社会心理学博士学位，熟练掌握中文和英文的刘在佳博士将中文版本回译成英文。这一过程往返多次，直到回译的英文版本和原始版本不存在分歧。之后，在正式施测前，对翻译的版本进行小范围测试。5 名来自浙江财经大学的本科生认真阅读了翻译条目并对其进行评论。根据他们的意见，笔者和倪士光教授又再次对条目的表达进行润色，避免出现模糊性和歧义。因为翻译的准确性和易理解性对结果具有重要影响，Reynolds 在邮件中建议，一些条目可以保留多个版本，以扩大量表的条目数量。所以，在最终的翻译版本中，原始条目 3、条目 5 和条目 11 保留了两个翻译版本。最初的中国版道德专注力量表（Chinese version of Moral Attentiveness Scale，CMAS）共包括 15 个条目（见附录 1）。此外，由于对大多数中国人来讲，他们对问卷中的"伦理""道德困境"等词语相对陌生并难以理解，在日常生活中很少使用。因此，笔者根据 Reynolds 的建议，在量表的指导语中增加了对相关道德概念的定义。

（三）结果

使用 SPSS 20.0 对样本数据进行统计分析。

1. 项目分析

根据 Ferketich（1991）和 Nunnally（1978）的建议，条目校正后的题总相关（Corrected Item-total Correlations）应大于 0.30，说明该条目是适合的。如果一个条目删除后，Cronbach's α 系数提高，则表明可以删除该条目（Ferketich，1991）。如果某条目的题总相关小于 0.30，并且删除该条目后，Cronbach's α 系数值显著增加，则表明可以删除该条目。根据上述建议，在研究 1 中，没有条目被删除，项目分析的结果如表 3-1 所示。

表 3-1　研究 1 中的项目分析

条目序号	平均数±标准差	题总相关	删除该条目前的 Cronbach's α 系数	删除该条目后的 Cronbach's α 系数
1	3.33±2.54	0.66**	0.83	0.81
2	3.54±1.65	0.67**	0.83	0.81
3（1）	3.79±1.45	0.68**	0.83	0.81
3（2）	3.55±1.47	0.75**	0.83	0.80
4	2.83±1.32	0.72**	0.83	0.80
5（1）	4.33±1.49	0.55**	0.83	0.83
5（2）	4.94±1.43	0.50**	0.83	0.83
6	4.65±1.35	0.66**	0.85	0.85
7	3.93±1.52	0.76**	0.85	0.83
8	3.11±1.28	0.70**	0.83	0.81
9	3.53±1.37	0.66**	0.83	0.81

条目序号	平均数±标准差	题总相关	删除该条目前的 Cronbach's α 系数	删除该条目后的 Cronbach's α 系数
10	4. 23±1. 4	0. 78**	0. 85	-0. 83
11（1）	4. 63±1. 39	0. 81**	0. 85	-0. 82
11（2）	4. 70±1. 34	0. 81**	0. 85	-0. 82
12	4. 41±1. 46	0. 75**	0. 85	-0. 83

注：N=435；** 表示 p<0.01。

2. 探索性因子分析

使用主轴分析（Principal Axis Analysis）和斜交旋转的方法（Oblimin Rotations Method）进行探索性因子分析，以检验量表的结构效度。Kaiser-Meyer-Olkin（KMO）的值为 0.84，Bartlett 球形检验结果拒绝零假设（X^2 = 2691. 17，df=105，p<0. 001），表明数据适合进行探索性因子分析（McMahon & Good，2016）。

探索性因子分析的结果表明，所有条目的因子载荷均大于 0. 40（Ford，MacCallum & Tait，1986）。结合特征根（大于1）、碎石图和标准化的因子载荷的结果，所有条目可以分成三个因子（Kaiser，1960；Cattell，1966）。然而，由于第三个因子仅包含两个条目 5（1）和 5（2）（因子载荷分别是 0. 50 和 0. 68），且方差解释百分比仅为 4. 88%。因此，条目 5（1）和条目 5（2）被删除（Costello & Osborne，2005）。为了提高量表的内容效度，保证每个条目都可以代表其所属的因子，考虑将和其他条目相关大于 0. 05 的条目删除（Calabrese et al.，2012）。根据条目分析，去掉信息冗余的条目，量表得到了进一步的优化。由于条目 3 和条目 11 各有两个版本的翻译，且条目 3（1）和条目 3（2）之间的相关系数为 0. 56，条目 11（1）和条目 11（2）之间的相关系数为 0. 69，因此我们决定删除条目 3 和条目 11 的其中一个翻译版本。

因子载荷更高的翻译版本［条目3（2）和条目11（2）］被保留在量表中，以简化量表，降低冗余度［条目3（1）的因子载荷为0.60；条目3（2）的因子载荷为0.62；条目11（1）的因子载荷为0.77；条目11（2）的因子载荷为0.81］。最终，中国版道德专注力量表共保留了11个条目，分成两个因子。11个条目的因子载荷全部高于0.40（因子载荷在0.48~0.80）。所有条目可以解释56.85%的方差变异性（见表3-2）。

表3-2　道德专注力量表的探索性因子分析

条目序号	条目	因子	
		道德知觉	道德反思
1	一天当中，我通常会遇到很多道德两难问题	**0.72**	0.13
2	我常常需要在做正确的事和做错误的事之间进行选择	**0.70**	0.10
3（2）	我所做的决定常常涉及与道德有关的内容	**0.55**	-0.13
4	我的生活充满了接二连三的道德困境	**0.71**	-0.00
6	我经常思考我所做的决定中与道德有关的部分	0.14	**-0.48**
7	几乎每天我都会思考我的行为是否道德	0.12	**-0.62**
8	我经常面临道德冲突	**0.64**	-0.20
9	我经常遇到道德情境	**0.55**	-0.23
10	我经常思考道德问题	0.05	**-0.71**
11（2）	我经常从道德层面反思自己的决定	-0.02	**-0.76**
12	我喜欢思考道德问题	-0.16	**-0.80**
特征值		4.31	1.94
解释方差百分比		39.22	17.63

注：N=435；探索性因子分析方法为主轴分析和斜交旋转；因子得分加粗表明该因子包含得分对应的条目。

探索性因子分析结果发现，中国版道德专注力量表共包含11个条目，可以分为两个因子（见附录2）。第一个因子（M±SD=3.31±1.05）命名为道德知觉，共包含6个条目，除条目5被删除外，其余条目与Reynolds（2008）

的道德专注力量表一致。第二个因子（M±SD＝4.39±1.07）命名为道德反思，共包含 5 个条目，与 Reynolds（2008）的道德专注力量表一致。道德知觉和道德反思两个因子之间显著正相关，r＝0.39，p<0.001。道德知觉分量表的 Cronbach's α 系数为 0.82；道德反思分量表的 Cronbach's α 系数为 0.82。Cronbach's α 系数高于 0.80（Hulpia，Devos & Rosseel，2009），表明量表具有较好的信度，所有条目测量的是相同的构念。由表 3-2 可以看到，中国版道德专注力量表分为两个维度。维度 1 是道德知觉，包含的条目为 1、2、3（2）、4、8、9；维度 2 是道德反思，包含的条目为 6、7、10、11（2）、12。

二、研究 2：验证性因子分析

基于研究 1 的结果，研究 2 的目的是进一步检验中国版道德专注力量表的效度及其重测信度。关于中国版道德专注力量表，根据 Reynolds（2008）的研究，我们主要检验其诺莫效度，这有助于研究者进一步得到中国版道德专注力量表的效度证据。

（一）诺莫效度相关构念

1. 失范

每个团体或社会都有自己的一套为人处世的行为法则。如果个体依照团体的规范行事，却受到挫败，得不到公平的待遇，而以不正当的手段却容易达到目的，那么个体就会觉得社会规范混乱，无所适从，对既有规范采取消极的态度，进而排斥社会规范，因而衍生出无规范可循的感觉（王月新，2006）。失范（Normless）是个体为了达到个人目的，进行不被社会允许的行为的程度（Kohn & Schooler，1983；Reynolds，2008）。失范的核心思想是个体中心的观点，即某个人可以在某些时候不遵守社会规范，不信任他人或不尊重他人，并且可能认为合适的行为不能达成社会一致的目的，而以一种违背社会的行为行事（Aquino & Reed，2002）。Reynolds（2008）发现失范和道德专注力之间显著负相关。个体的道德专注力越高，进行失范行为的可能性越低。因此，我们将测量个体的失范程度，作为中国版道德专注力量表的负向外部效度证据。

2. 道德认同

在道德判断转化为道德行为的过程中，道德认同（Moral Identity）扮演着调节机制的角色，它是引发道德行为的重要动机之一（吴志洪，2016）。道德认同被认为是一个相对稳定的个体差异变量，是自我概念的重要组成部分，是由和道德相关的概念、目标、特质，以及行为脚本组成的一个复杂的知识系统，一般储存在记忆中（吴志洪，2016）。Aquino 和 Reed（2002）基于社会认同理论（Turner & Oakes，1986）将道德认同定义为围绕一组特质（如关心、同情、公正）的自我概念，这一概念反映了道德特征对个体自我认同的重要作用。Aquino 和 Reed（2002）发现，道德认同包括内化（Internalization）和符号化（Symbolization）两个维度。内化的道德认同反映了道德特质对自我概念的重要性，符号化的道德认同则反映了个体通过外在行为展现出道德特质的程度。研究表明，道德认同有助于促进个体道德行为，抑制个体的不道德行为（叶宝娟等，2016）。Reynolds（2008）发现，道德专注力和道德认同显著正相关。个体的道德专注力越高，其道德认同越高。因此，我们将测量个体的道德认同程度，为中国版道德专注力量表寻找正向的外部效度证据。

3. 道德倾向

道德倾向（Ethical Predisposition）是指当面对道德决策时，个体所采取的认知框架（Brady & Wheeler，1996），主要分为结果主义（Consequentialism）和形式主义（Formalism）两个维度，这两个维度通常与哲学上的功利论（Utilitarianism）与义务论（Deontology）简单对应。Reynolds（2008）发现，道德专注力和结果主义、形式主义不存在相关关系。因此，我们将测量个体的道德倾向，为中国版道德专注力量表寻找不同概念间的区分效度证据。

4. 学术不诚实

Reynolds（2008）发现，道德知觉可以预测自我报告的不道德行为和他人的不道德行为。道德专注力越高，越倾向于夸大自我经验中的道德内容，对他人道德行为的评价也越严格。学术不诚实或学术不端，通常指违反学术规范，在学术上造假的行为。学术不诚实是大学生群体中常见的一种不道德行为，如学生可能为了获得优异的成绩而选择在考试中作弊等。我们假设道德专注力和学术不诚实正相关，即道德专注力越高，越能注意到大学里面的学术不诚实现象。同时，道德专注力可以预测大学生的学术不诚实行为。因此，我们将测量大学生的学术不诚实，为中国版道德专注力量表寻找其效标效度（Criterion Validity）证据。

（二）研究对象

在浙江财经大学招募416名大学生（平均年龄19.96±1.51岁，其中135名男性，281名女性）参与研究2的问卷调查。

（三）测量

1. 道德专注力

使用研究1中经过修订的中国版道德专注力量表。

2. 失范

使用由Kohn和Schoolor（1983）开发的无范感量表，该量表由杨宜因等（2000）翻译成中文。Kohn和Schoolor（1983）将无范感定义为"为要达到一个目标，必须做一些不被社会期许的行为"，其量表强调玩世不恭（Cynicism）和非道德性（Amorality）。该量表一共包含 4 个条目，采用李克特式 7 点计分方法（1 代表"完全不同意"，7 代表"完全同意"，见附录 3）。在本研究中，所有条目的 Cronbach's α 系数为 0.76。

3. 道德认同

使用由 Aquino 和 Reed（2002）开发的道德认同量表。该量表包含 10 个条目，分为 2 个维度，分别命名为符号化的道德自我认同（5 个条目）和内化的道德自我认同（5 个条目）。条目 3"我会因为有如上品质而羞耻"为反向计分条目。该量表采用李克特式 7 点计分方法，分数越高，表明道德自我认同程度越高（1 代表"完全不同意"，7 代表"完全同意"，见附录 4）。在本研究中，符号化的道德自我认同和内化的道德自我认同分量表的 Cronbach's α 系数分别为 0.82 和 0.82。

4. 道德倾向

使用 Brady 和 Wheeler（1996）编制的道德观点量表（Measure of Ethical Viewpoints，MEV）。阳志平等学者对其进行了中国版本的翻译。该量表描述了个体在实用方面和形式上做出的道德判断的关注点的差异。所谓实用的方法就是注重结果，以行为的结果作为标准来评估个体的行为，它通过行为对社会网络带来的好处来定义行为的道德本质。所谓形式的方法就是根据行为与已建立的制度和规则的一致性来评估个体的行为，它通过行为与制度或法律的一致性程度来定义行为的道德本质（Fields，2004）。因此，该量表分成两个维度，用以评估个体的道德观点中的结果主义和形式主义的程度如何。该量表有两种形式，一种是 7 段小品文及其对应的 28 道问题；另一种是要求被试者对 13 个性格特质的重要程度进行自我评定。考虑到被试者填写问卷的时间过长，可能产生厌烦情绪，造成不认真作答的结果。因此，我们使用第二种形式，即以对 13 个性格特质进行评价的方式测量个体的道德倾向。这

13个性格特质，前7个测量的是结果主义（如"注重结果的"），后6个测量的是形式主义（如"讲原则的"），均采用李克特式7点计分方法（1代表"完全不重要"，7代表"非常重要"，见附录5）。在本书中，结果主义和形式主义分量表的Cronbach's α系数分别为0.76和0.70。

5. 学术不诚实

主要使用McCabe和Treviño（1993）开发的学术不诚实量表（Academic Dishonesty Scale）。在McCabe和Treviño（1993）原量表条目的基础上，一些学者额外增加了一些随着科技变革而开发出的新条目（Iyer & Eastman，2006；Eastman，Eastman & Iyer，2008）。新增的条目一共有三个，来自Iyer和Eastman（2006）：①在考试过程中，使用手机短信寻求帮助；②在考试过程中，使用手机或其他电子设备，获取或交流考试答案；③从网上购买或下载论文，当作自己的作业提交。该量表一共包括17个学术不诚实行为，采用李克特式7点计分方法（1代表"从未发生"，7代表"总是发生"，见附录6），要求被试者对最近的一个学年中，观察到的其他学生做出上述行为的频率进行评价。在本研究中，所有条目在该量表上的Cronbach's α系数为0.91。

6. 社会赞许性

使用平衡式社会赞许量表的"印象管理"（Impression Management，IM）分量表（Paulhus，1988）。印象管理分量表包含20个条目，采用李克特式7点计分方法（1代表"完全不同意"，7代表"完全同意"），其中10个条目为反向计分条目（见附录7）。Reynolds（2008）发现，道德专注力和社会赞许性之间不存在关系。本研究在检验道德专注力量表的预测效度时，将社会赞许性作为控制变量，以排除被试者为获得好印象从而出现夸大自身道德行为或出现说谎行为的可能性。在本书中，由于文化差异的存在，我们删掉了两个条目：条目 10（"在海关，我总是申报每一件纳税品"）和条目 13（"我有时超速驾驶"）。如果被试者的评分是 1~5，那么记为 0；如果被试者的评分是 6~7，则记为 1。这种计分方法保证了只有那些做出夸大答案的被试者会得到高分。剩余 18 个条目的总分记为印象管理分量表的得分。分数越高，表明被试者的社会赞许性越高。在本研究中，该量表的 Cronbach's α 系数为 0.73。

（四）结果

使用 SPSS 20.0 和 Amos 20.0 进行数据分析。

1. 结构效度

使用验证性因子分析对量表的结构效度进行检验。所有的因子载荷量均大于 0.05，因此没有条目被删除。所有条目的标准化因子载荷如表 3-3 所示。

表 3-3　研究 2 中国版道德专注力量表的验证性因子分析结果

条目序号	条目	因子	
		道德知觉	道德反思
1	一天当中，我通常会遇到很多道德两难问题	0.58	
2	我常常需要在做正确的事和做错误的事之间进行选择	0.55	
3（2）	我所做的决定常常涉及与道德有关的内容	0.71	
4	我的生活充满了接二连三的道德困境	0.78	
6	我经常思考我所做的决定中与道德有关的部分		0.68
7	几乎每天我都会思考我的行为是否道德		0.76
8	我经常面临道德冲突	0.81	
9	我经常遇到道德情境	0.69	
10	我经常思考道德问题		0.86
11（2）	我经常从道德层面反思自己的决定		0.84
12	我喜欢思考道德问题		0.73

注：N=416。

两因子模型的拟合结果为：χ^2/df（42）= 4.87，GFI = 0.91，AGFI = 0.87，CFI = 0.92，IFI = 0.92，NFI = 0.91，SRMR = 0.07。SRMR 值低于 0.08，表明拟合指数较好（Hu & Bentler，1998，1999）。其他指标结果表明，两因子模型的整体拟合指数可以接受（Anderson & Gerbing，1988；Browne & Cudeck，1992；Hu & Bentler，1999）。我们比较了两因子模型和单因子模型，以检验中国版道德专注力量表是否为单维度构念。单因子模型的验证性因子分析的拟合结果为：χ^2/df（44）= 20.30，GFI = 0.62，AGFI = 0.42，CFI = 0.61，IFI = 0.61，NFI = 0.60，SRMR = 0.17。卡方检验和其他拟合指数均表明两因子模型的数据拟合结果好于单因子模型。

2. 信度

在本研究中，416 名大学生被试测得的道德知觉分量表的 Cronbach's α 系数为 0.84；道德反思分量表的 Cronbach's α 系数为 0.88。这表明，道德知觉分量表和道德反思分量表具有良好的内部一致性信度。

道德知觉分量表的组合信度（Composite Reliability，CR）为 0.84，道德反思分量表的组合信度为 0.88。组合信度大于 0.60 表明量表可以接受（Bagozzi & Yi，1988）。道德知觉分量表的平均方差提取值（Average Variance Extracted，AVE）为 0.48；道德反思分量表的平均方差提取值为 0.60。两个分量表的平均方差提取值基本接近或大于 0.50，表明可以接受（Anderson & Gerbing，1988；Bagozzi & Yi，1988）。

我们另外找了 55 名大学生（平均年龄 20.20±1.21 岁，其中 18 名男性，37 名女性）在五周后进行了中国版道德专注力量表的重测。道德知觉分量表和道德反思分量表在前后两次测验中的相关系数都是 0.73，表明具有良好的重测信度。前后两次测量中，两个分量表的 Cronbach's α 系数如表 3－4 所示。

表3-4 研究2中国版道德专注力量表前后两次测量的 Cronbach's α 系数

分量表	第一次测验	第二次测验
道德知觉	0.83	0.88
道德反思	0.91	0.91

注：N=55。

3. 诺莫效度

道德知觉、道德反思、失范、内化的道德认同、符号化的道德认同、社会赞许性等变量之间的相关系数如表3-5所示。

表3-5 研究2诺莫效度

	平均数（M）	标准差（SD）	道德专注力	
			知觉性	反思性
道德知觉	3.19	1.12		$r=0.35^{***}$
道德反思	4.04	1.27	$r=0.35^{***}$	
失范	2.37	1.11	$r=0.04$	$r=-0.16^{***}$
内化的道德认同	6.02	0.81	$r=-0.04$	$r=0.27^{***}$
符号化的道德认同	4.78	0.89	$r=0.00$	$r=0.28^{***}$
年龄	19.96	1.51	$r=0.03$	$r=-0.07$
性别	0.32	0.47	$r=0.12^{**}$	$r=0.09$
社会赞许性	5.87	3.50	$r=-0.18^{***}$	$r=0.07$
结果主义	5.40	0.70	$r=0.07$	$r=0.16^{***}$
形式主义	5.98	0.64	$r=-0.00$	$r=0.16^{***}$

注：N=416；＊表示 $p<0.05$，＊＊表示 $p<0.01$，＊＊＊表示 $p<0.001$。

如表3-5所示，道德知觉和失范、内化的道德认同、年龄、结果主义和形式主义不相关；道德反思与失范显著负相关，$r=-0.16$；道德反思与符号化的道德认同显著正相关，$r=0.28$；道德反思与年龄、性别和社会赞许性不存在关系。这些结果与 Reynolds（2008）的研究结果一致。

研究 2 的结果显示，道德知觉与符号化的道德认同不存在关系。然而，Reynolds（2008）发现道德知觉与符号化的道德认同显著正相关，r = 0.16。研究 2 的结果显示，道德知觉与性别显著正相关，与社会赞许性负相关。然而，Reynolds（2008）发现道德知觉与性别和社会赞许性不存在关系。

研究 2 的结果表明，道德反思与内化的道德认同显著正相关，r = 0.27；道德反思与结果主义和形式主义均显著正相关，r = 0.16 和 r = 0.16。然而，Reynolds（2008）发现道德反思与结果主义和形式主义不存在关系。

4. 校标效度

由于学术不诚实量表分数高度非正态，Skewness = 1.74（SE = 0.12），Kurtosis = 5.06（SE = 0.24）（McCabe & Treviño，1993；Cohen & Cohen，1983），因此我们对其进行了对数变换（Log Transformation）。

回归分析的结果如表 3-6 所示，道德知觉可以显著预测对他人学术不诚实的报告，而道德反思不能预测对他人学术不诚实的报告。这一结果与 Reynolds（2008）的研究结果一致。

表 3-6　研究 2 回归结果：预测他人的学术不诚实

	模型 M_0	模型 M_1	
	B	B	95%置信区间
性别	0.02	0.01	[−0.026, 0.032]
年龄	−0.07	−0.06	[−0.002, 0.014]
失范	0.11*	0.10*	[0.002, 0.023]
社会赞许性	−0.30***	−0.28***	[−0.015, −0.007]
内化的道德认同	−0.06	−0.05	[−0.028, 0.016]
符号化的道德认同	0.04	0.05	[−0.009, 0.023]
结果主义	−0.01	−0.02	[−0.023, 0.017]
形式主义	−0.05	−0.05	[−0.036, 0.012]
道德知觉		0.13**	[0.004, 0.027]

续表

	模型 M₀	模型 M₁	
	B	B	95% 置信区间
道德反思		−0.09	[−0.020, 0.002]
Model R^2	0.16	0.18	
df	8407	2405	
ΔR^2	0.16	0.02 *	
ΔF	9.64 ***	3.91 *	

注：N=416；* 表示 p<0.05，** 表示 p<0.01，*** 表示 p<0.001；B 代表标准化回归系数；Bootstrap 取样为 1000 次。

三、讨论

关于东方文化背景下道德专注力的结构及影响，已有研究还知之甚少。本节的研究检验了中国版道德专注力量表的因子结构、信度和效度。当开发一个新的测量工具时，探索性因子分析和验证性因子分析是检验构念效度的有效工具（Jackson，Gillaspy & Pure-Stephenson，2009）。本节的探索性和验证性因子分析结果表明，中国版道德专注力量表共包含两个维度：道德知觉（6 个条目）和道德反思（5 个条目）。所有条目的因子载荷均大于 0.40；两因子的整体模型拟合指数较好；两个分量表的 Cronbach's α 系数在 0.82～0.91；五周的重测信度为 0.73；两个因子的组合信度分别为 0.84 和 0.88。所有这些指标均表明中国版道德专注力量表是具有良好信效度的测量工具，这为后续的研究提供了可靠和有效的工具保障。

除条目 5 外，中国版道德专注力量表与 Reynolds（2008）的道德专注力量表具有相同的因子结构。Reynolds（2008）原量表的条目 5 "Many of the decisions that I make have ethical dimensions of them" 并不包含在中国版道德专注力量表内。笔者猜测，可能的原因有两点：首先，我们使用了往返翻译的方法，在这一过程中，我们发现对许多中国翻译者来说，为条目 5 找到恰当的翻译比较困难。其次，对于中国人来说，道德意味着文明和教养（Buchtel et al.，2015）。Buchtel 发现中国人将类似于吐痰、扔垃圾等行为叫作不道德行为。然而，西方人更可能将杀人或伤害他人等行为称为不道德行为，从文明和教养的角度考虑，中国人可能并不能理解条目 5 所表述的道德困境的含义。此外，中国人很少从伦理方面讨论日常决策。因此，当谈及伦理困境时，他们很可能感到困惑。这一结果通过研究 1 中道德知觉的平均分为 3.31 和研究 2 中道德知觉的平均分为 3.19 得到了验证。3 分意味着人们选择的是"有点不同意"。然而，在 Reynolds（2008）的研究中，道德知觉的平均分在 3.67~4.13。这意味着美国人可能比中国人在日常生活中更多地知觉到道德问题。但是在道德反思上，两者之间的差异不大，中国人的平均分在 4.04~4.39，美国人的平均分在 4.14~4.74。总之，条目 5 可能并不适合中国人群。这也证实了在不同的文化背景下，当引进一个新的测量工具时，研究者有必要对其进行修订和本土化。

Reynolds（2008）在理论上论证了道德专注力和失范负相关，与内化的和符号化的道德认同正相关，与年龄、性别、社会赞许性、结果主义和形式主义不存在关系。他的实证数据分析也支持了上述分析，尽管这些相关并非高度相关。在本节中，我们同样发现了道德反思和失范负相关，个体在道德反思上得分越高，表明其越可能坚持道德标准，越不可能赞同那些不被社会许可的行为。道德反思和符号化的道德认同正相关。这可能是因为拥有这些道德特质的个体更可能在生活中关心道德问题，或者反思自己的道德行为，以维持个体的道德形象。道德知觉和道德反思与年龄都不存在关系。因为道德专注力的概念来源于社会认知理论，而非道德的认知发展理论，所以 Reynolds 认为道德专注力和年龄无关。总之，这些结果表明中国版本的道德专注力量表具有良好的聚合效度和区分效度。

Reynolds（2008）发现，道德知觉与回忆和报告自己和他人的不道德行为有关。Mihelic 和 Culiberg（2014）也发现道德反思可以预测学术不诚实行为。在本节中，我们同样发现道德知觉可以预测对他人学术不诚实行为的报告，这表明 CMAS 具有良好的实证效度。

四、研究局限和展望

本节的研究也存在以下一些局限：

首先，在以上两个研究中，被试者都是来自浙江财经大学受过良好教育的大学生，他们的专业主要是市场营销和管理学。Ozdogan 和 Eser（2007）发现商学院学生比其他专业的学生具有更低的道德敏感性。我们尚不清楚中国版道德专注力量表是否可以更好地应用在其他人群，如老年人、工人或受教育程度不高的人群。当然，为了更好地了解中国版道德专注力量表的应用范围，在本章后续的研究中，笔者也调整了被试的取样范围。

其次，本节的研究结果与 Reynolds（2008）的研究结果存在一些不一致的地方。Reynolds（2008）发现，道德知觉和道德反思与性别、社会赞许性、结果主义和形式主义均不存在关系。然而，本节的研究发现道德知觉和性别正相关，与社会赞许性负相关；道德反思与结果主义和形式主义正相关。一些研究表明道德信念和行为存在性别差异（Ameen，Guffey & McMillan，1996；Arlow，1991；Tyson，1990）；而另一些研究则发现道德信念和行为不存在性别差异（Jones & Kavanagh，1996；Tyson，1992；Tsalikis & Ortiz-Buonafina，1990）。还有一些研究发现由于角色期待，女性比男性能够更好地识别道德问题，行为上更为道德（Ambrose & Schminke，1999；Sayre，Joyce & Lambert，1991；Schminke，Ambrose & Miles，2003）。然而，Gholami 和 Tirri

（2012）使用道德敏感性量表（Ethical Sensitivity Scale Questionnaire）对集体主义文化下的伊朗人进行测量时，在其中的三个维度上发现男性优于女性。具体来讲，男性在阅读和表达情绪（Reading and Expressing Emotions）、关心他人（Caring for Others）和观点采择（Taking the Perspectives of Others）三个维度上的得分高于女性。因此，关于道德的性别差异问题至今未得到一个统一的答案（Schminke，Ambrose & Miles，2003）。在研究 2 中，女性在道德知觉上的平均得分是 3.09（SD = 1.08，N = 281），男性在道德知觉上的平均得分是 3.29（SD = 1.20，N = 135）。男女之间的平均分差异并不大，同时我们不能确定样本数量和文化对数据的影响程度。因此，未来应针对性别和道德专注力的关系进行更深入的探讨。本节研究发现，道德知觉和社会赞许性负相关。这可能是因为那些夸大其拥有优秀品质的个体无意识地忽略了诚实，以获得他人的好印象。另一种可能的原因是，中国的伦理强调"自省"与"谦虚"，认为这些是良好的德行。所以，一个受中国伦理观念影响的有较高的道德专注力的人，应该不会公开承认自己符合社会标准，也不会大言不惭地说"我永远不说谎"这种谎话，即有德之人反而永远会只看到自己的缺点，贬低自己的优点。因此，我们尚不清楚文化在这一结果中扮演的角色，未来需要寻求更多的实证证据探索道德知觉和社会赞许性之间的关系。尽管 Reynolds（2008）认为，道德专注力与形式主义和结果主义不存在关系，因为形式主义和结果主义关注的是道德的特定元素。然而，我们发现那些思考道德问题更为频繁的个体，更加偏好基于结果和规则的道德决策。正如 Buchtel 等（2015）的发现，当我们说"道德"时，中国人和西方人对其的认知存在差异。未来，需要更多的研究从文化心理学和道德心理学的角度探讨道德专注力的认知机制和文化差异。

第二节　道德专注力与道德行为

不同的个体在评估某个特定的行为是否道德时存在分歧，因为不同的人所持有的道德倾向是不一样的（Wiltermuth & Flynn，2013）。道德倾向是指个体在道德决策过程中所依赖的认知框架（Brady & Wheeler，1996），是人们做出伦理决策时的信息处理模式。到目前为止，研究者主要关注两种道德倾向：功利主义和形式主义。虽然有一些高度相关的术语可以互换使用，但我们选择在管理学中沿用 Brady 和 Wheeler（1996）的说法，使用"形式主义"和"功利主义"这两个术语，以方便和其对应的测量工具统一。功利主义又称结果论（Consequentialism），或目的论（Teleology），或基于结果的思维方式（Outcome-based Thinking），或基于结果的伦理学（Results-based Ethics），指个人道德行为和决策对人们功利（快乐、利益、效用与幸福）的影响，追求预期非货币利益最大化及少量物质回报（Brady & Wheeler，1996），体现了合理利己主义。功利主义是根据道德情形对人们造成的后果来评估个人伦理状况的倾向（Brady & Wheeler，1996）。功利主义从结果来判定行为是否合乎伦理，判定标准是"满足最大多数人的最大利益"，其代表人物是大卫·休谟（David Hume）。而形式主义又被称为义务论或道义论（Deontology），或基于规则的思考方式（Rule-based Thinking），或基于权利的伦理学（Rights-based Ethics），或康德伦理学（Kantian Ethics），指个人道德行为决策与社会模式、规则或规定保持一致性的程度（Brady & Wheeler，1996），追求社会利益最大化，体现了纯粹利他主义（林志扬、肖前和周志强，2014）。

这两种道德倾向抓住了个体在道德决策过程中的最基本考虑。传统哲学理论认为，形式主义和功利主义是伦理维度上单一连续体的对立的两端（Schminke，2001），个体如果更偏向于其中一端的话，那么暗含其更不偏向另一端。也就是说，如果个人在功利主义的基础上做出伦理决定，这就意味着他们不能在形式主义的基础上做出伦理决定。然而，实证研究发现，功利主义和形式主义并不是零和博弈关系，而是个体伦理基础的两个独立维度（Schminke，2001）。个体可以同时持有形式主义和功利主义的倾向。当进行道德决策或判断时，个体可能应用其中之一或同时应用这两个道德倾向。例如，人们在道德困境中做出的决定取决于他们的情感投入。在非个人的道德困境中，比如电车困境，因为低情感投入，人们基于功利主义宁愿牺牲一个人来拯救更多人。然而，在个人的道德困境中，如天桥困境，同一个人可能会因为情感投入高而基于形式主义拒绝更多人的牺牲（Greene et al.，2001）。因此，个体的两类道德倾向都可能很大或很小（Brady，1985；Brady & Wheeler，1996；Schminke，1997；Schminke & Wells，1999；Schminke，2001）。Brady 和 Wheeler（1996）认为，义务论和功利论尽管可能存在关系，但在形成道德判断的过程中，不一定相互依赖。决策者可能在道德决策过程中，依赖其中一个或两个认知框架。即使个体可能同时使用两个道德倾向，其相对重要性也可能不同。Brady（1985）认为，功利主义和形式主义不是两个对立面，它们是具有兼容性和补充性的。他指出，正如古罗马的两面神一样，他的两副面孔，一面回首过去，记住历史教训；一面展望未来，给人美好憧憬。道德问题的形式主义的特点是面向过去，它出现在语言、传统和先例之中。而道德问题的功利主义则是面向未来，它预先考虑结果、计划和变革。

社会心理学研究表明，态度与行为之间的关系常常是不一致的。对生活中的不道德现象进行观察，我们会发现这样的问题：即使明明知道是错的，为什么一些人仍可能进行不道德行为？科尔伯格道德认知发展理论的基本假定是，如果人们行为不道德，是因为他们不知道他们做的事情是不道德的。与其相反，班杜拉的社会认知理论的基本假定是，个体可能认识到他们的行为是不道德的，但他们使用了推脱机制，允许自己进行不道德行为（Reynolds et al.，2014）。在回顾道德决策的实证研究文献后，Craft（2013）指出，大多数研究都支持形式主义与道德决策正相关，功利主义与道德决策负相关。然而，在道德倾向与道德决策的关系上，仍然存在一些疑问。形式主义和功利主义是通过何种机制影响个体的不道德行为的，社会认知理论下的道德推脱机制是其中的一个重要原因。因此，在本节中，笔者将基于班杜拉的社会认知理论，使用道德推脱的机制，解释不道德决策或行为出现的可能原因，特别是当人们持有形式主义的道德倾向时，不道德决策发生的心理过程。

Xu 和 Ma（2016）发现，无论是形式主义还是道德认同，都不足以预测"日常道德"中个体的道德行为。个人偏好形式主义的道德倾向，加上高度的道德认同，才更有可能表现出道德行为。除了道德认同，形式主义和道德决策之间还有什么可能的边界条件？对情境中的道德内容的觉察以及对行为结果道德性的反思能力可能是影响义务论者是否进行道德决策或行为的重要因素。这种能力被定义为道德专注力（Reynolds，2008）。现有研究很少从实证或描述性伦理的角度，探究形式主义与道德决策关系之间可能的边界条件之一——道德专注力。因此，本节将引入道德专注力概念，研究其对道德倾向与不道德决策之间关系的调节作用。同时，笔者将研究样本扩大到工作群体，继续检验中国版道德专注力量表的信效度。

一、理论与假设

（一）道德倾向与不道德决策的关系

Jones（1991）指出，伦理决策是在法律上和道德上能被社会大众所认可并接受的决策。反之，非伦理决策是违背了法律或道德而不被社会大众所认可的决策。尽管这一定义被很多学者认可，但其略显宽泛笼统（杨洁，2015）。Treviño 等（2014）认为，现有的伦理研究可以划分成三类：第一类研究重点关注具体的非伦理行为，如撒谎、欺骗和偷窃等；第二类研究关注那些达到了最低的道德或法律标准，因而没有违背伦理的行为，如诚实、遵纪守法等；第三类研究关注那些超出道德标准的伦理行为，如慈善捐款、保护环境、检举揭发等。需要说明的是，绝大多数学者并没有对伦理和道德进行刻意区分，而是将两个概念等同并混淆使用（杨洁，2015）。因此，本节也不对此进行区分对待。

行为伦理学者研究了影响道德决策和道德行为的很多前因条件。Craft（2013）回顾道德决策相关文献后，认为道德决策的影响因素可以分成组织变量（如伦理规范、伦理文化、竞争性）、道德强度（如结果的严重性、结果的接近性等）和个体差异变量（如年龄、道德认知发现和决策风格等）三类。组织因素包括重要他人（Westerman et al.，2007；Fritzsche & Oz，2007）、奖励和惩罚（Barnett，Cochran & Taylor，1993；Treviño & Young-blood，1990）、职业道德准则（McKinney et al.，2010；Deshpande，2009）、组织文化（Sweeney，Arnold & Pierce，2010）、组织规模（Marta，Singhapak-di & Kraft，2008）、竞争力和伦理政策与程序（Deshpande，2009）。道德强度的概念来源于 Jones（1991）的问题权变模型，指某一情境中与问题相关的道德紧迫程度。Jones 认为，道德强度有六个成分：后果严重性、社会共识、效应可能性、时间即刻性、亲密性和效应集中性。Jones 指出，道德强度越高，越可能将问题划分为道德问题，增加道德敏感性；形成更高水平的道德推理；更频繁地建立道德决心；产生更频繁的道德行为。相关实证研究也支持了上述观点（Leitsch，2006；McMahon & Harvey，2007；Sweeney & Costello，

2009；Karacaer et al.，2009）。相比于道德强度低的问题，道德强度高的问题更可能被识别出是道德问题，因为它们是显著的和鲜明的，因而更能得到决策者的注意。更高的道德强度的问题也可以诱发自我更强的责任感归因。如果个体做出的决定或行为可能产生更严重的伤害，其更可能感到具有个人责任。个体差异变量是道德决策影响因素中被学者研究最多的，包括社会阶层（Piff et al.，2012）、马基雅维利主义人格（Verbeke，Ouwerkerk & Peelen，1996）、道德认知发展（Church et al.，2005；Goolsby & Hunt，1992）、性别（Schminke，Ambrose & Miles，2003）、民族（Burnaz et al.，2009；Karacaer et al.，2009）、控制点（Chan & Leung，2006；Ho，2010）、道德或价值观倾向（Yetmar & Eastman，2000）等。关于道德决策的相关研究，每隔 5~8 年就有阶段性的综述出现（Ford & Richardson，1994；Loe，Ferrell & Mansfield，2000；O' Fallon & Butterfield，2005；Craft，2013），足以见得学者们对这一问题的关心和重视。

研究发现，道德倾向影响个体的道德意识（Reynolds，2006a）、道德决策（Brady & Wheeler，1996）和道德行为（Treviño et al.，2006）。Hunt 和 Vitell（1986）认为，功利主义和形式主义影响个体的道德判断和行为意图。个体决策者首先对道德问题产生知觉，进而找到可能的方法解决问题。一旦个体确定了可能的解决方法，两个主要的道德评价将会发生：功利评价（Teleological Evaluation）和形式评价（Deontological Evaluation）（Vitell，Singhapakdi & Thomas，2001）。基于形式评价，个体会尝试评价不同行为的对与错。形式评价涉及个体对不同行为所代表的义务规范的比较。在功利评价中，个体评估行为好坏的关键来源于决策的结果。如果一个行为可以比其他可能的行为带来更大的好处，那么就是道德的。在大多数情境中，个体的道德决策都是受功利主义和形式主义的影响的（Mayo & Marks，1990；Hunt &

Vasquez-Parraga，1993）。Cohen、Pant 和 Sharp（2001）研究发现，义务论可以正向预测道德决策，而结果论反向预测道德决策。当进行道德决策时，女性同时依赖公正（Justice）和结果主义，而男性只依赖公正，他们的决策更具有普遍性而非情境性（Beekun et al.，2010）。Premeux（2004）研究了面对道德困境时管理者的道德意识，发现在进行道德决策时，大多数管理者依赖功利主义。例如，当处理道德困境时，管理者倾向于使用功利主义原则（Groves et al.，2008）。我国学者林志扬、肖前和周志强（2014）对到厦门旅游的游客及厦门高校的学生进行问卷调查发现，功利主义和形式主义分别会抑制和增加个人的捐赠行为。形式主义倾向的人捐赠意愿强烈，而功利主义倾向的人捐赠意愿较弱（林志扬、肖前和周志强，2014）。

　　道德发展理论（Kohlberg，1981；Rest，1986）指出，个体的道德发展需要通过一系列的阶段。最初，个体是基于自我中心的道德视角，但是随着经验积累和时间的推移，个体开始学习采用不同的方法看待道德问题，对他人的需求和权力变得更为敏感，最终基于普遍律法进行道德判断。科尔伯格将其称为前习俗、习俗和后习俗阶段。Reynolds（2006a）认为，功利主义和形式主义分别与习俗和后习俗水平的道德发展存在联系。功利主义强调行为结果的价值决定行为的道德性。在科尔伯格所说的习俗阶段，道德行为是由最大化利益决定的。形式主义强调行为规则和标准，在科尔伯格所说的后习俗阶段，道德行为是由社会规范决定的。当使用义务论的观点进行道德决策时，个体很可能会问自己，这种行为是否违背了社会规范（Wiltermuth & Flynn，2013）。然而，人们在运用功利主义原则进行道德决策时，往往会考虑到行为的利益和风险。功利主义者在进行道德决策时，也会权衡社会利益和个人利益，考虑某种道德行为的预期收益是否足够大，潜在收益是否足够小。对功利主义的一种可能的担忧是，在某些情况下，它允许我们伤害某人以使他人受益（Luper，2001）。基于功利主义，行为可能会给大多数人带来好处，但却违反了社会规范或法律。例如，管理者可能会选择污染环境来追求利润。一些实证研究还发现形式主义与道德决策正相关，而功利主义与道德决策负相关（Cohen，Pant & Sharp，2001；Craft，2013；Pearsall & Ellis，2011）。因此，根据上述分析和以往研究结果，本节在理论层面提出以下假设：

H3-1：功利主义对不道德决策（或道德决策）有正向（或负向）作用。

H3-2：形式主义对不道德决策（或道德决策）有负向（或正向）作用。

（二）道德推脱的中介作用

道德推脱（Moral Disengagement）的概念最早来自 Bandura（1986）的社会认知理论，用以解释为什么普通人尽管在道德上致力于道德原则，但是在特定的情境中却做出不道德决策或行为，并且在做了不道德行为后却没有明显的内疚和自责反应（Moore，2015）。道德推脱指个体产生的特定的认知倾向，这些认知倾向包括重新定义自己的行为使其伤害性显得更小、最大限度地减少自己在行为后果中的责任和降低自己对受伤目标痛苦的认同（Bandura，1986，1999，2002；杨继平、王兴超和高玲，2010；王兴超、杨继平，2010）。道德推脱允许人们在不感到内疚和痛苦的情况下，违反自身内化的道德标准，做出不道德行为（Bandura et al.，1996）。大多数人已经发展出了内在的个人行为标准来指导良好的行为和阻止不良的行为。人们想要按照这些内部标准行事，因为违反这些标准会导致自我责备（如内疚和悔恨），而按照这些标准行事会导致一种理想的和积极的自我评价（Hystad，Mearns & Eid，2014）。在这个过程中，自我调节机制通过道德代理发挥作用（Bandura，1999）。道德推脱的存在依赖于自我调节机制的激活。基于社会认知理论，只有在被激活的情况下，个体的内在自我调节机制才可以有效运转。如果自我调节机制运作良好，那么个体的道德脱离就会受到抑制，自我谴责机制就会被激活。因此，不良行为将得到阻止。越轨行为（Transgressive Behavior）会由于该行为与个体内化的道德标准相冲突，个体会产生自我谴责而得到制止。如果自我调节的过程被抑制，那么道德推脱就会发生。道德推脱是个体的一种自我保护机制，其产生的根本原因是个体道德调节的自律机能失效。当个体无法通过自律机能使自己的外显行为与内在认知保持一致时，就会导致认知失调，进而产生道德焦虑，个体为了缓解道德焦虑，往往会通过道德推脱的机制来重新构建新认知，从而降低道德焦虑带来的消极体验（金童林等，2017）。因此，通过道德脱离机制，不带罪恶感和自我指责，不良行为就会被允许。

道德推脱是个体通过一系列认知机制降低自身的道德自制能力，为随后进行的不道德行为提供合理化的解释（陈默、梁建，2017）。Bandura 指出存在 8 种推脱机制：道德辩护（Moral Justification）、委婉标签（Euphemistic Lableing）、有利比较（Advantageous Comparison）、责任转移（Displacement of Responsibility）、责任分散（Diffusion of Responsibility）、忽视或扭曲结果（Ignoring or Misconstruing the Consequences）、非人性化（Dehumanization）和责备归因（Attribution of Blame）。道德辩护指把有害的行为描绘成具有社会价值或道德目的，会使人们和社会接受的行为。例如，为军事暴行进行道德辩护是为了实现重要目标："我们实际上是在帮他们的忙，是为了更大的善"。委婉标签指个体通过使用语言技巧对不道德行为重新进行表述，使其看起来是无害的甚至是有益的。例如，在腐败的组织中，那些同谋者经常被贴上积极的标签——"队友"。有利比较是将其他伤害性更大的行为拿来与自己产生的有害行为进行对比，以此为借口来忽略自己的行为后果（张琪，2017）。例如，同违法所带来的巨大损失相比，撒个小小的谎言所带来的一点损失看起来是可以接受的。道德辩护、委婉标签、有利比较这三个机制通过对不符合伦理规范行为的认知重建，使行为结果的伤害程度显得更小。责任转移和责任分散可以模糊行为的道德代理人。责任转移指产生不道德行为的责任由个体归因转移到他人或权威人物身上（张琪，2017）。例如："我做的是别人要求我做的。""我只是在服从命令。"责任分散多发生于集体情境中，指个体认为不道德行为不是自己的责任，而是归咎于社会压力或集体责任（张琪，2017）。例如："每个人都这么做。""我们是集体做出的这个决策。"忽视或扭曲结果指个体通过对有害行为的结果进行选择性忽视和扭曲，避免产生内疚、羞愧等情绪上的负面效应（张琪，2017）。例如："我们没有伤害任何人。""这不是什么大事。"责任转移、责任分散、忽视或扭曲结果这三个机制发生在个体掩盖或扭曲有害行为的影响时，非人性化指个体认为他人不像人而是像动物或物体没有推理能力没有思想，可以随意践踏（陈银飞，2013）。例如："他们只是轮子上的齿轮""他们受到的对待就像他们是动物"。责备归因指为了避免自己负责任而强调受害者的过错导致了行为结果的产生（陈银飞，2013）。例如："这是他们自己的错""这是他们应得的"。非人性化和责备归因两个机制通过降低自身对受害者的认同而摆脱道德的责备（陈银飞，2013）。个体可以同时使用其中一个或者几个推脱机制来解释其不道德行为。例如，Sam 有一套内在标准，即禁止偷盗，但是他从星巴克拿走了一份报纸却没有付钱。道德推脱机制可以帮助 Sam 重新解释其拿走报纸的行为是小事儿一桩（忽视或扭曲结果）；认为每个人都会时常做些类似的小事（责任分散）；相比于其他人的行为违背，拿走报纸这件事情微不足道（有利比较）；或者他曾看到星巴克的员工也拿过报纸，所以为什么他不能（责任转移）；他可能认为，做一个见多识广的人比给报纸付钱更重要（道德辩护）；他甚至计划当他阅读完之后，把报纸留在咖啡厅，那么他其实只是在"借"报纸（委婉标签）；他可能想星巴克是一家庞大的公司，根本不会注意到少了一张报纸（非人性化）；他甚至认为他应该拿走报纸，因为一杯咖啡的价格实在太贵（责备归因）。上述所有这些解释都可以帮助 Sam 理解他的行为实际与他内在的道德标准是无关的。因此，他可以把报纸夹在胳膊下离开咖啡店，并且认为他没做错什么（Moore，2015）。由此可见，道德推脱可以用来解释人们如何做出与他们的道德标准不一致的有害行为（Bandura，1999）。

道德推脱理论目前已经得到了大量的实证支持，这些实证研究来自不同的领域，包括儿童和青少年发展（Caravita et al.，2014；Gini，Pozzoli & Hymel，2014）、组织行为学（Cohen et al.，2014；Moore et al.，2012）、刑事犯罪学（Cardwell et al.，2015；DeLisi et al.，2014）、军事心理学（Aquino et al.，2007；McAlister，Bandura & Owen，2006）和运动心理学（Hodge et al.，2013；Hodge & Lonsdale，2011）等。

道德推脱理论指出，道德推脱会使个体合理化自身的不道德行为，进而做出更多的负面行为，包括犯罪行为（Cardwell et al.，2015）、攻击行为（Gini，Pozzoli & Hymel，2014；DeLisi et al.，2014）、工作场所的不当行为（Moore et al.，2012）、不道德行为（Detert，Treviño & Sweitzer，2008）等。在实证研究中，早期研究通常将道德推脱作为前因变量。近几年，研究者不再仅仅将道德推脱作为不道德行为的前因变量，而是开始将其作为调节或中介变量，了解其对其他关系的作用机制（Moore，2015）。在最初提出概念时，Bandura 等（1996）认为，道德推脱是稳定的个体道德特质，但后来的研究者并不认同这一观点。研究发现，道德推脱并非个体内生的稳定特质，而是个体与环境相互作用的结果，并受到外部环境的影响（张桂平，2016；Clayboum，2011）。如果推脱是特质，可以被当作调节变量研究；如果推脱是过程，可以被当作中介变量研究（Moore，2015）。这两种研究进路（Approach）都得到了实证数据的支持。因此，不管是将道德推脱作为自变量，还是将其作为调节变量或中介变量，研究者均取得了一系列的研究成果。

（1）道德推脱作为自变量：道德推脱使违反道德规范的行为与自我惩罚之间失去认知联系，因而自我调控过程就会失效。当个体违反其内部道德标准时，可以通过道德推脱使道德的自我调节功能失效，进而摆脱内疚和自责（陈银飞，2013）。许多研究表明道德推脱会导致不道德决策（Detert，Treviño & Sweitzer，2008）、攻击性行为（Bandura et al.，1996）、不道德行为（Moore et al.，2012）和社会阻抑（Duffy et al.，2012）等。Fida 等（2015）发现，道德推脱与非伦理行为显著相关，道德推脱可以使个体道德机制失灵，进而诱导个体做出非伦理行为。

（2）道德推脱作为调节变量：特质性道德推脱可以起到加速器的作用，促进不道德行为的发生（Moore，2015）。Samnani、Salamon 和 Singh（2014）发现，对于那些高特质性道德推脱的个体，消极情绪与反生产工作行为的关系更强。White-Ajmani 和 Bursik（2014）发现，在被羞辱后，那些高特质性道德推脱的个体更可能伤害那些羞辱他们的人。特质性道德推脱可能使个体对积极的道德影响不够敏感。Bonner、Greenbaum 和 Mayer（2016）发现，那些高特质性道德推脱的个体更不会受到伦理型领导的影响，只有那些低特质性道德推脱的个体会受到领导者的道德影响。

（3）道德推脱作为中介变量：以往的实证研究表明，道德推脱既可以被看作相对稳定的认知倾向，也可以被看作受即刻背景因素激发的心理状态（Moore，2015）。道德推脱作为一种认知变量，常常在个人特征与行为结果之间起中介作用。对 307 名经济和教育专业的本科生的研究表明，共情和道德认同与道德推脱负相关，特质性犬儒主义和机会外部控制点与道德推脱正相关，道德推脱和不道德决策正相关，道德推脱起中介作用。Fida 等

（2015）对 1147 名意大利工人的调查发现，道德推脱在应对压力的消极情绪反应和反生产工作行为之间起到了部分中介作用。压力使工人产生越多的消极情绪反应，工人就越可能产生道德推脱，进而出现反生产工作行为。对 276 名青少年的调查发现，道德推脱是冷酷无情特质与攻击关系间的中介变量（Kokkinos，Voularidou & Markos，2016）。国内学者陈银飞（2013）对 419 名科研工作者的调查发现，道德推脱在个体压力、个体素质与科研环境对学术不端的影响中起中介作用。对 500 名大学生进行调查发现，道德推脱在儿童期心理虐待和大学生网络欺负间起着部分中介作用（金童林等，2017）。对 1437 名中职生的调查研究表明，中职生父母的心理控制可以通过道德推脱的中介作用间接预测中职生的网上偏差行为，且该中介效应的前半路径，即中职生父母心理控制对中职生道德推脱的直接效应受到同伴接纳的调节（梁晓燕、刘晓飞，2017）。陈默和梁建（2017）发现，高绩效要求将使员工启动道德推脱机制为其随后进行的亲组织不道德行为开脱，即道德推脱在高绩效要求与亲组织不道德行为之间起到了中介作用。张桂平（2016）对 328 名企业员工的调查发现，职场排斥正向预测员工的亲组织性非伦理行为，道德推脱在职场排斥与亲组织性非伦理行为之间起中介作用。杨继平和王兴超（2015）对 776 名员工的调查研究表明，伦理型领导会抑制员工的不道德行为，促进员工的利他行为，道德推脱会促进员工的不道德行为，抑制员工的利他行为。伦理型领导通过道德推脱的中介作用负向影响员工的不道德行为，正向影响员工的利他行为。

基于上述分析和以往实证研究的结果可知，个体道德脱离的倾向与不道德决策和不道德行为有关（Bandura et al.，1996；Moore et al.，2012；Shu，Gino & Bazerman，2011）。当个体使用道德推脱策略时，他就在内部切断了行为与其不良后果间的因果关系。个体会采用道德推脱的各种形式削弱可以制止个体从事不道德行为的自我道德调节功能，使个体摆脱因违反内在道德标准而产生的内疚和自责情绪，进而心安理得地做出不道德行为（张艳清、王晓晖和王海波，2016）。因此，我们提出了以下假设：

H3-3：道德推脱与不道德决策正相关。

如果人们更偏向形式主义，为什么他们更有可能遵守道德标准并做出道德决策或行为呢？道德推脱有助于我们理解形式主义与道德决策之间的关系。Bandura 等（1996）指出，道德标准是通过教育和社会化来建立的。道德标准一旦形成，就会引导或阻止个体的行动。人们避免做违反内在道德标准的事情，因为做这类事情会导致自我谴责。人们通过自我调节系统将道德标准转化为道德行为。自我调节系统中的道德代理通过自我监控、判断和自我反应三个子功能来运作（Bandura et al.，1996）。持形式主义立场的人在做出任何决定之前，都会根据他们一贯遵守的道德标准来评估道德状况。高水平的形式主义者坚持道德原则，因此，他们通过自我监控和判断，保持较高水平的道德主体地位。因为预期到自我谴责，个体会避免不道德决策或行为。对于那些不太重视形式主义的人来说，遵守道德标准的动机可能不是很强。低水平的形式主义者并不总是坚持道德原则，因为他们对道德标准的遵从是脆弱的，其自我监控和判断功能是失调的，所以他们会利用道德推脱机制重新解释自身行为。道德推脱成为个体的自我保护机制，在不道德行为与个体内化的道德标准冲突时，道德推脱使个体内部道德标准脱轨，减少自我谴责。因此，我们提出了以下假设：

H3-4：形式主义与道德推脱负相关，形式主义得分越高，道德推脱程度越低。

H3-5：道德推脱在形式主义和不道德决策之间起中介作用。

与那些高度重视社会规则和道德标准的形式主义者相比，功利主义者计算了行动的成本和收益，并为个人及其群体选择了最大的总效用（Pearsall & Ellis，2011）。Greene 等（2004）发现，与抽象推理和认知控制相关的大脑区域在进行功利主义道德判断活动时被激活的程度更大。对于功利主义者来说，没有一套普遍的道德原则可以遵循（Lowry et al.，2014）。功利主义者根据结果而不是行动本身来评价行为是否合乎道德（Lowry et al.，2014）。如果结果是积极的，那么这些决定或行为在道德上是可以接受的。当社会对决定或行为的共识较低时，个人就更难评估决定或行为的潜在危害（Lowry et al.，2014）。因此，功利主义者可能会牺牲伦理原则的一致性或连贯性来追求最好的结果，甚至没有意识到潜在的危害。前额叶腹内侧皮层（VMPFC）关联社会情绪（如羞耻和内疚）（Koenigs et al.，2007）。前额叶腹内侧皮层损害的个体在违反社会规范时明显不太可能感到内疚（Krajbich et al.，2009）。因此，由于缺乏负罪感、羞耻感和移情等社会情感，前额叶腹内侧皮层损伤的患者在面对个人道德困境时比健康人更容易做出功利主义道德判断（Koenigs et al.，2007）。我们认为，这有助于解释为什么形式主义者需要道德推脱来消除社会情感因素，而功利主义者则不需要道德推脱来做出道德判断。来自功利主义的损失收益权衡为个体启动道德推脱机制提供了恰当的条件。在损失收益的计算过程中，受利益诱惑，同时社会影响或行为结果微小，个体对自身不道德行为的自我监督和调控机制可能会失效（Bandura，1999）。功利主义者的计算思维使个体能够在不感到内疚和羞愧的情况下合理化他们的不道德决策或行为。因此，道德推脱没必要参与这个计算过程。基于此，我们提出了以下假设：

H3-6：道德推脱不是功利主义与不道德决策之间的中介变量。

（三）道德专注力及其调节作用

在一个既定的情境中，意识到道德问题是进行道德决策的一个重要前提

（VanSandt，Shepard & Zappe，2006），但并非所有人对日常生活所涉及的道德层面都给予同等的关注。生活中的道德冲突常常表现为以某种方式行动最大化自己的利益，但是却违背了特定的规则和法律。Xu 和 Ma（2016）研究发现在日常道德情境中，那些高道德认同的个体在进行道德决策的过程中可能更偏好义务论。研究表明，那些持有功利论观点的人，他们通常道德认同不高，而持有义务论观点的人，他们更可能拥有更高的道德认同。林志扬、肖前和周志强（2014）也发现道德认同可以调节道德倾向与慈善捐赠行为之间的关系。具体来讲，符号化的道德认同弱化了功利主义与慈善捐赠行为之间的负向关系，内在化和符号化的道德认同强化了形式主义与慈善捐赠行为之间的正向关系。上述研究揭示出，义务论可以为个体提供正确的方向，但这并不能保证个体做出正确的行为。义务论和道德决策之间的关系，受到了第三个变量即道德认同的调节作用。

笔者认为，道德专注力可能是尚未被研究者关注的调节变量之一。正如第二章对道德专注力的介绍，道德专注力是个体间较为稳定的差异变量，表现为个体对生活事件的伦理方面的关注和投入程度。道德专注力指个体在其经验中长期感知和思考道德内容的程度（Reynolds，2008；赵立，2012），其核心特征包含三点：①长期形成；②关注程度；③对道德的感知。Reynolds（2008）通过对道德专注力概念进行推理和测量，明确了道德专注力涉及两个重要的维度：输入刺激进行自动加工的知觉维度（道德知觉）和个体使用道德进行有意识的反思和检验的反思维度（道德反思）。知觉维度代表个体感知生活经历中的道德因素，侧重于道德信息的处理；反思维度代表个体经常性思考道德实践的程度，侧重于道德信息的思考和道德行为决策（潘宇浩，2015；Reynolds，2008）。Reynolds（2008）认为，那些长期使用道德框架的个体，对于输入的新刺激，重点关注其道德方面，并依靠自身的以往经验对其进行解释。道德专注力与功利主义和形式主义不同，它更关注的是个体能够识别出哪些是道德的，哪些是不道德的。它可以使个体在面对外部事件或情境时，从道德的视角对外在信息进行审视和分析。

有些人比其他人更关心道德问题。高道德专注力者对日常生活和组织生活中的伦理话题更感兴趣，而低道德专注力者则对道德问题漠不关心。道德专注力可能在形式主义通过道德推脱影响日常道德决策这一中介过程中起到了调节作用。并不是所有的人都同等程度地审视日常生活中的道德内容，在道德方面具有长期可得性的个体更有可能在其他人意识不到的一系列事件中识别道德内容（Reynolds，2008）。道德专注力提高了人们对生活中道德方面问题的关注意识，使人们更容易获得道德体验，并夸大对道德相关行为的报告。因此，Reynolds（2008）发现，知觉性道德关注程度越高，个体自我报告的不道德行为就越多。具有高度道德知觉的个体可能对道德内容更敏感，这导致那些偏好形式主义的个体在做出不道德决策时，更强烈地体会到认知失调。如果想要缓解认知失调，个体可能会更多地依赖于道德推脱机制。道德知觉与信息编码行为相关，道德反思则与行为相关（Reynolds，2008）。然而，"构成'日常道德'实践的大部分情况可能是快速、自动、无意识的，并且是由道德的启发式加工而不是计算推理驱动的"（Xu & Ma，2016）。因此，在本节中，我们主要关注的是道德知觉的调节作用，即对道德信息的自动识别。由此，我们提出了以下假设：

H3-7：道德知觉在形式主义与道德推脱之间的关系中起负向调节作用。道德知觉较高时，形式主义与道德推脱之间的联系就会更强。道德知觉较低时，形式主义与道德推脱之间的联系就会减弱。

当中介变量对自变量和因变量之间关系的中介过程受到调节变量影响时，便存在被调节的中介作用（刘东、张震和汪默，2012）。第一阶段被调节的中介作用是指调节变量对中介过程的影响，源自调节变量加剧或减弱了自变量和中介变量之间的关系。如图 3-1 所示，本节所研究的是一个条件过程模型（Conditional Process Model）或第一阶段被调节的中介作用。在本节的研究中，我们假设形式主义通过道德推脱的中介作用来传递其对不道德决策的影响。道德知觉在形式主义与道德脱离之间的第一阶段起调节作用。

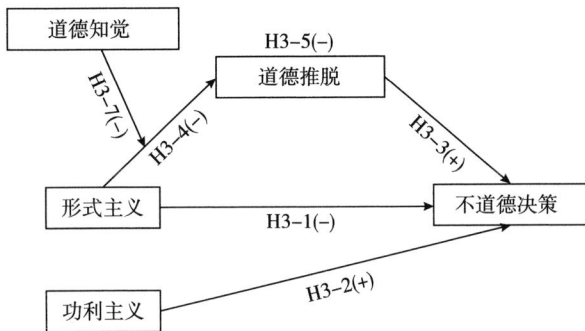

图 3-1　道德专注力与道德行为的条件过程模型

二、研究方法

（一）研究样本

我们通过互联网，招募了来自不同行业的 316 名成年被试者（其中，173 名男性、143 名女性）在线匿名填写问卷，每名被试者可获 5 元人民币报酬。被试者的平均年龄是 30.99±6.05 岁，年龄范围在 21~53 岁；平均工作年限是 7.66±6.23 年，工作年限范围在 1~35 年；受教育水平从小学到研究生不等，其中 1 人（占 0.32%）完成了小学教育，4 人（占 1.27%）完成了初中教育，22 人（占 6.96%）完成了高中教育，66 人（占 20.89%）完成了三年制的大学专科教育，160 人（占 50.63%）完成了四年制的本科教育，63 人

（占 19.94%）完成了研究生教育。被试者从事不同的行业，分别是：23.10% 的人（73 人）从事教育行业，15.82% 的人（50 人）从事信息技术或通信行业，14.87% 的人（47 人）从事制造业，8.86% 的人（28 人）从事消费、服务或进出口贸易行业，5.70% 的人（18 人）从事会计或金融行业，4.43% 的人（14 人）从事医疗或健康服务行业，4.43% 的人（14 人）从事服装、纺织或手工业行业，3.48% 的人（11 人）从事传媒或出版行业，2.53% 的人（8 人）从事航天能源行业，2.22% 的人（7 人）从事交通运输行业，1.90% 的人（6 人）从事资产评估行业，0.63% 的人（2 人）从事法律行业，0.32% 的人（1 人）从事农业，以及 11.71% 的人（37 人）从事上述行业范围以外的其他行业。

（二）测量

道德倾向：使用 Brady 和 Wheeler（1996）编制的道德观点量表。该量表采用李克特式 7 点计分方法，分为两个维度：功利主义和形式主义，具体条目可见附录 5。在本节中，功利主义的 Cronbach's α 系数是 0.80；形式主义的 Cronbach's α 系数是 0.80。

不道德决策：Detert、Treviño 和 Sweitzer（2008）创设了由 8 个道德情景组成的不道德决策量表（Unethical Decision Making Scale）。该量表是单维度量表，采用李克特式 7 点计分方法，要求被试者阅读 8 个道德情景，并判断其在多大程度上可能进行场景中描述的行为（1 代表完全不可能，7 代表完全可能），用以测量个体的不道德决策。这些道德情景是我们在日常生活中经常遇到的，并且违背了一个或多个道德原则，如公正和美德（见附录 8）。条目 7 由于因子载荷低于 0.40 而删除（Ford，MacCallum & Tait，1986）。在本节中，剩余 7 个条目的 Cronbach's α 系数是 0.73。

道德推脱：使用 Moore 等（2012）开发的道德推脱量表（Propensity to

Moral Disengagement Scale）。该量表分为两个版本，其中一个版本是 24 道题目，分成 8 个维度，每个维度包含 3 个题目；第二个版本是 Moore 等（2012）开发的简版，共包含 8 个条目，即取 8 个维度中的第一题（题目 1、4、7、10、13、16、19、22）。这 8 个题目共同测量的是个体的道德推脱程度。考虑到被试者一次作答的量表和题目过多，可能导致不认真作答的现象增加，因此，我们选择使用道德推脱量表的简版。在本次测量中，该量表的 Cronbach's α 系数是 0.83。

道德专注力：使用中国版道德专注力量表。该量表采用 7 点李克特式计分方法（1 代表完全不同意，7 代表完全同意），共包含 11 个条目，对应两个子量表：道德知觉和道德反思。在本节中，道德知觉的 Cronbach's α 系数是 0.88，道德反思的 Cronbach's α 系数是 0.89。

社会赞许性：即使我们采取了匿名作答的方法，但是社会赞许性仍然会影响被试者的作答反应（Albert，Reynolds & Turan，2015）。因此，我们将社会赞许性作为控制变量进行测量，并引入后续的数据分析中。我们使用 20 个条目的平衡式社会赞许量表的"印象管理"分量表（Paulhus，1988），其中 2 个条目因为文化差异被删除（"在海关，我总是申报每一件纳税品"和"我有时超速驾驶"），在本次测量中，剩余的 18 个条目的 Cronbach's α 系数是 0.80。

其他控制变量：将性别、年龄、受教育水平等这些人口学变量作为控制变量纳入统计分析中。

三、结果

（一）共同方法偏误

为降低共同方法偏误的影响，我们使用了匿名和反向计分等程序控制技术。另外，我们也测量了社会赞许性，作为控制变量进行统计控制（Podsa-koff et al.，2003）。

我们使用 Harman 单因子技术进行共同方法偏误的诊断（Podsakoff et al.，2003）。所有条目进行无旋转的探索性因子分析，结果出现 8 个特征根大于 1 的公因子（KMO = 0.860），共解释 59.74% 的方差变异。其中，第一公因子解释 16.25% 的方差变异。根据 Williams、Cote 和 Buckley（1989）的建议，如果出现共同方法偏误，那么第一公因子的方差变异解释量将超过 25%。因此，本节进行的研究不存在共同方法偏差问题。

为了进行六个主要构念间的区分效度检验，我们利用 Mplus 7.4 软件进行验证性因子分析。由于研究使用的数据属于中小样本且变量非正态性分布，模型估计使用 MLR 法（Muthén & Muthén，2002）。MLR 法能够处理数据缺失值，且可以假设缺失值为随机缺失，被推荐用于小样本和中等量的样本；当结果变量为连续变量时，也推荐使用该方法（王济川，2011）。六因子模型、五因子模型、四因子模型、三因子模型、两因子模型和单因子模型之间的模型拟合指数如表 3-7 所示。六因子测量模型提供了可接受的拟合指数，χ^2 = 1092.99，df = 687，χ^2/df = 1.59，p < 0.001，CFI = 0.90，TLI = 0.89，RMSEA = 0.04，SRMR = 0.06（Hu & Bentler，1999）。由于更低的数值表明模型拟合更好，AIC 和 BIC 表明六因子模型是拟合最好的模型（Akaike，1987；Raftery，1996）。Raftery（1996）对用 BIC 进行模型评估提出了如下指南：BIC 的绝对值差为 0~2 是弱证据（Weak Evidence）；2~6 是正证据（Positive Evidence）；6~10 是强证据（Strong Evidence）；大于 10 是超强证据（Very Strong Evidence）。Raftery（1996）指出，如果 BIC 的绝对差值大于 10，则表明有强有力的证据，说明低 BIC 的模型好于另一个高 BIC 的模型。如表 3-7 所示，相比于其他模型，六因子模型是最好的。这表明功利主义、形式主义、

不道德决策、道德推脱、道德知觉和道德反思这六个构念具有良好的区分效度。

表 3-7　验证性因子分析结果

序号	模型	χ^2	df	χ^2/df	p	CFI	TLI	RMSEA	SRMR	AIC	BIC
1	六因子模型	1092.99	687	1.59	<0.001	0.90	0.89	0.04	0.06	39510.85	40006.61
2	五因子模型Ⅰ	1530.24	692	2.21	<0.001	0.79	0.78	0.06	0.08	39985.75	40462.73
3	五因子模型Ⅱ	1217.43	692	1.76	<0.001	0.87	0.86	0.05	0.07	39641.60	40118.58
4	五因子模型Ⅲ	1262.23	692	1.82	<0.001	0.86	0.85	0.05	0.07	39695.17	40172.15
5	四因子模型Ⅰ	1653.88	696	2.38	<0.001	0.77	0.75	0.07	0.08	40117.65	40579.61
6	四因子模型Ⅱ	1698.96	696	2.44	<0.001	0.75	0.74	0.07	0.08	40172.95	40634.91
7	四因子模型Ⅲ	1387.39	696	1.99	<0.001	0.83	0.82	0.06	0.08	39828.29	40290.25
8	三因子模型	1823.63	699	2.61	<0.001	0.72	0.71	0.07	0.09	40307.18	40757.87
9	两因子模型	2853.01	701	4.07	<0.001	0.47	0.44	0.10	0.14	41413.51	41856.69
10	单因子模型	3650.08	702	5.20	<0.001	0.28	0.24	0.12	0.17	42319.28	42758.70

注：N=316；①估计方法是 MLR；②AIC＝Akaike's Information Criterion；③BIC＝Bayesian Information Criterion；④六因子模型：道德知觉、道德反思、功利主义、形式主义、不道德决策、道德推脱；⑤五因子模型Ⅰ：基于六因子模型，将道德知觉和道德反思合并为一个因子；⑥五因子模型Ⅱ：基于六因子模型，将功利主义和形式主义合并为一个因子；⑦五因子模型Ⅲ：基于六因子模型，将不道德决策和道德推脱合并为一个因子；⑧四因子模型Ⅰ：基于六因子模型，将道德知觉和道德反思合并为一个因子，将功利主义和形式主义合并为另一个因子；⑨四因子模型Ⅱ：基于六因子模型，将道德知觉和道德反思合并为一个因子，将不道德决策和道德推脱合并为另一个因子；⑩四因子模型Ⅲ：基于六因子模型，将功利主义和形式主义合并为一个因子，将不道德决策和道德推脱合并为另一个因子；⑪三因子模型：基于六因子模型，将道德知觉和道德反思合并为一个因子，将功利主义和形式主义合并为第二个因子，将不道德决策和道德推脱合并为第三个因子；⑫两因子模型：基于六因子模型，将道德知觉、道德反思、功利主义和形式主义合并为一个因子，将不道德决策和道德推脱合并为另一个因子；⑬单因子模型：基于六因子模型，将所有六个构念合并成一个因子。

（二）描述性统计

六个构念的平均数、标准差和零阶相关系数等描述性统计值如表 3-8 所示。由表 3-8 可知，功利主义与道德知觉、道德反思不相关，形式主义与道德知觉不相关，这一结果与 Reynolds（2008）的研究结果一致；形式主义与道德反思存在低相关，与 Reynolds（2008）的结果相反；不道德决策和道德知觉、道德反思、功利主义、形式主义均不相关；道德推脱与不道德决策、道德知觉正相关，与功利主义、形式主义负相关。因为年龄和工作年限存在高相关，因此在后续的统计分析中，我们仅保留年龄作为控制变量，以避免出现多重共线性问题。

表3-8　六个构念描述性统计的平均数、标准差和零阶相关

序号	模型	1	2	3	4	5	6	7	8	9	10	11
1	道德知觉	1	0.525**	-0.076	-0.007	0.001	0.171**	-0.166**	0.062	-0.135*	-0.101	0.077
2	道德反思		1	0.107	0.164**	-0.062	-0.071	0.091	-0.036	-0.041	-0.092	0.007
3	功利主义			1	0.583**	0.096	-0.137*	0.165**	0.055	0.122*	0.072	0.101
4	形式主义				1	0.000	-0.322**	0.269**	0.012	0.093	0.004	0.051
5	不道德决策					1	0.386**	-0.341**	0.030	0.037	-0.013	0.017
6	道德推脱						1	-0.487**	-0.086	-0.078	-0.053	-0.110
7	社会赞许性							1	0.111*	0.128*	0.108	0.101
8	年龄								1	-0.078	0.111*	0.904**
9	性别									1	0.011	-0.086
10	受教育水平										1	0.003
11	工作年限											1
平均数（M）		3.52	3.43	5.42	5.85	3.98	2.56	5.13	30.99	1.45	4.80	7.66
标准差（SD）		1.32	1.12	0.76	0.78	1.08	0.99	3.94	6.05	0.50	0.90	6.23

注：N=316；* 表示 $p<0.05$，** 表示 $p<0.01$，*** 表示 $p<0.001$。

（三）条件过程分析

条件过程模型使用 SPSS 21 软件的 PROCESS 插件进行分析（Hayes，

2013）。PROCESS 可以同时检验传统的回归分析（假设 3-1~假设 3-4）和间接效应的 Bootsrapping 方法（假设 3-5~假设 3-7）。尽管自变量形式主义和因变量不道德决策之间不显著相关，但仍然可以进行中介效应检验，这是因为自变量和因变量间的相关并不是中介效应检验的必要条件（Edwards & Lambert，2007）。因为虚假相关是对因果关系有效性的威胁，所以我们根据 Hayes（2013）的建议，在条件过程分析中使用统计控制的方法。

在 PROCRSS 中执行 Bias-corrected Bootstrap 方法进行第一阶段带调节的中介分析（自举取样设定为 5000，选择模型 7）。控制变量是年龄、性别、受教育水平、社会赞许性、道德反思和功利主义，自变量是去中心化的形式主义，因变量是不道德决策，中介变量是道德推脱，调节变量是去中心化的道德知觉。根据 Hayes（2013）的建议，我们使用非标准化格式报告模型的回归系数、直接效应、间接效应和总效应，具体结果如表 3-9 所示。

表 3-9　条件过程模型第一阶段带调节的中介分析结果

结果变量	预测变量	B	SE	t	p	95%置信区间	R	R^2	F（df）
道德推脱	截距	2.83	0.56	5.09	<0.001	[1.74, 3.92]	0.56	0.31	15.24（9）
	年龄	-0.01	0.01	-1.05	0.29	[-0.02, 0.01]			
	性别	-0.002	0.10	-0.03	0.98	[-0.19, 0.19]			
	受教育水平	-0.01	0.05	-0.13	0.90	[-0.11, 0.10]			
	社会赞许性	-0.10	0.01	-7.60	<0.001	[-0.12, -0.07]			
	道德反思	-0.07	0.05	-1.30	0.20	[-0.17, 0.04]			
	功利主义	0.14	0.08	1.83	0.07	[-0.01, 0.29]			
	形式主义	-0.36	0.08	-4.56	<0.001	[-0.51, -0.20]			
	道德知觉	0.13	0.04	3.00	0.002	[0.05, 0.22]			
	道德知觉×形式主义	-0.11	0.05	-2.02	0.04	[-0.21, -0.003]			

续表

结果变量	预测变量	B	SE	t	p	95%置信区间	R	R^2	F (df)
	截距	1.95	0.66	2.95	0.003	[0.65, 3.25]	0.48	0.23	11.30 (8)
	年龄	0.01	0.01	1.59	0.11	[-0.003, 0.03]			
	性别	0.16	0.11	1.47	0.14	[-0.06, 0.38]			
不道德决策	受教育水平	0.01	0.06	0.18	0.86	[-0.11, 0.13]			
	社会赞许性	-0.07	0.02	-4.14	<0.001	[-0.10, -0.04]			
	道德反思	-0.04	0.05	-0.76	0.45	[-0.14, 0.06]			
	功利主义	0.16	0.09	1.75	0.08	[-0.02, 0.33]			
	形式主义	0.15	0.09	1.61	0.11	[-0.03, 0.33]			
	道德推脱	0.36	0.06	5.52	<0.001	[0.23, 0.48]			

功利主义不能预测道德推脱和不道德决策，假设 3-1 被拒绝。当控制功利主义后，形式主义可以预测更低水平的道德推脱，B = -0.36，SE = 0.08，p<0.001，95%置信区间 = [-0.51, -0.20]，假设 3-4 被接受。道德推脱可以预测更高水平的不道德决策，B = 0.36，SE = 0.06，p<0.001，95%置信区间 = [0.23, 0.48]，假设 3-3 被接受。在控制了道德推脱的影响后，形式主义和不道德决策之间不存在直接联系，B = 0.15，SE = 0.09，p = 0.11，95%置信区间 = [-0.03, 0.33]，假设 3-2 被拒绝。形式主义和道德知觉的交互作用为负且显著，B = -0.11，SE = 0.05，p = 0.04，95%置信区间 = [-0.21, -0.003]。因此，形式主义对道德推脱的作用随道德知觉水平的变化而变化，假设 3-7 被接受。

形式主义对不道德决策的间接效应受到道德知觉的调节。道德知觉的不同取值选用百分比来表示。根据 Hayes (2013) 的建议，本书将道德知觉分成非常低（10 个百分点 = 1.67）、低（25 个百分点 = 2.50）、中等（50 个百分点 = 3.50）、高（75 个百分点 = 4.50）和非常高（90 个百分点 = 5.33）。道德知觉取不同值时形式主义对不道德决策的条件效应如表 3-10 所示。间接效应随着道德知觉的增加表现出一致性的负向增加。然而，在道德知觉非常低（1.67）时，间接效应不显著，95%的置信区间包含0，在道德知觉大于2.50时，间接效应显著，假设3-5和假设3-7被接受。

表3-10 道德知觉取不同值时形式主义对不道德决策的条件效应

中介变量	道德知觉	间接效应	SE	95%置信区间
道德推脱	1.67（10个百分位数）	−0.06	0.05	[−0.16, 0.02]
	2.50（25个百分位数）	−0.09	0.04	[−0.18, −0.03]
	3.50（50个百分位数）	−0.13	0.04	[−0.21, −0.06]
	4.50（75个百分位数）	−0.16	0.05	[−0.27, −0.09]
	5.33（90个百分位数）	−0.20	0.06	[−0.34, −0.10]

为了检验假设3-6，在PROCESS插件里使用Bias-corrected Bootstrap的方法进行中介模型检验（自举取样设定为5000，选择模型4）。控制变量包括年龄、性别、受教育水平、社会赞许性、道德知觉、道德反思和形式主义，自变量为功利主义，因变量是不道德决策，中介变量是道德推脱。结果表明，功利主义不能预测道德推脱，$B = 0.14$，$SE = 0.08$，$p = 0.08$，95%置信区间 = [−0.02, 0.29]；功利主义不能预测不道德决策，$B = 0.14$，$SE = 0.09$，$p = 0.12$，95%置信区间 = [−0.04, 0.32]。功利主义通过道德推脱的中介作用对不道德决策的间接效应不显著，$p = 0.12$，95%置信区间 = [−0.04, 0.32]。

四、讨论

（一）一般讨论

在本节的研究中，我们发现了道德推脱在形式主义和不道德决策之间起中介作用的心理机制，以及道德知觉在形式主义和道德推脱之间起调节作用。

具体来讲，我们发现形式主义负向预测道德推脱。相比于那些高形式主义倾向的个体，低形式主义倾向的个体更可能使用道德推脱机制。道德推脱又可以预测不道德决策。因此，道德推脱在形式主义和不道德决策之间起到了中介作用。个体的形式主义道德倾向越低，越倾向于进行道德推脱和不道德决策。高道德知觉的个体更容易在对道德信息进行编码时探测到道德线索（Reynolds，2008；Van Gils et al.，2015）。因为高道德知觉的个体更容易认识到日常行为潜在的道德内容或结果，所以相比于低道德知觉的个体，高道德知觉的个体更多地依赖于道德推脱进行认知重建，以释放由形式主义和不道德决策的认知失调导致的道德焦虑。综上，这些发现为形式主义和不道德决策之间带调节的中介过程提供了证据。

同时，本节通过改变研究群体，将中国版道德专注力量表的施测范围从大学生群体扩展到工作群体，将研究对象的年龄范围从 20 岁扩展到 53 岁，再次证明了中国版道德专注力量表具有较好的内部一致性信度和预测效度。因此，中国版道德专注力量表可以作为测量个体道德关注程度的有效工具。

（二）理论和实践应用

本节进行的研究在理论上和实践上有如下贡献：

第一，尽管在发展心理学和社会心理学领域有很多关于道德推脱的研究（Johnson & Buckley，2015），但在管理学领域，道德推脱是一个比较新颖的概念。因此，研究组织背景下的道德推脱具有实践价值（Moore et al.，2012）。本节我们研究了道德推脱在工作人群中的中介作用，对现有的组织背景下的道德推脱研究具有一定贡献，同时，也验证了中国版道德专注力量表在工作人群中具有的良好信效度。

第二，我们发现了在日常道德中形式主义间接影响不道德决策的心理机制及这一过程可能的理论边界。据我们所知，这是学界第一次系统地考虑形式主义和不道德决策之间带调节的中介过程。它来源于个体道德自我调节功能的失败。现实生活中普通人很少持有坚定的道德义务，大多数普通人在一些道德情境中可能质疑自己的信念，道德推脱在这一过程中可能扮演重要的角色。它可以帮助那些信念动摇的人重新解释自己的信念并释放道德焦虑，进而促使不道德决策的发生。

第三，当考虑到道德倾向和不道德决策的关系时，我们发现形式主义和功利主义预测不道德决策的心理机制不同。形式主义对不道德决策的预测需要通过道德推脱的中介作用，而道德推脱在功利主义和不道德决策间不起中介作用，可能的原因在于这两种道德倾向涉及不同的信息加工模式。

第四，识别道德问题是进行道德决策的前提（Reynolds & Miller，2015）。然而，在目前的研究中，我们发现了道德专注力潜在的"黑暗面"。相比于低道德知觉者，高道德知觉者更可能注意到日常经验中的道德维度。这导致他们要寻找新的认知路径以释放形式主义和不道德决策间的认知冲突。道德推脱在这一过程中起到了中介作用，个体的自我惩罚机制失效。

第五，在以往的道德教育中，伦理学家教授人们道德原则。然而，仅教授道德原则，特别是义务论原则是不够的。在商业世界里，人们经常面对利益和规则之间的冲突。例如，管理者决定偷偷排放有毒废料，可能对降低企业成本有益，但却给环境带来巨大的伤害。我们无法保证所有人都是坚定的形式主义者，他们可能使用道德推脱机制进行不道德决策或者不道德行为而不感到内疚和压力。道德推脱是个人和社会因素共同作用的结果（Bandura，2002）。因此，道德推脱是一种具有可塑性的个人特质（Moore，2008）。这意味着我们可以通过社会学习减少道德推脱倾向。在商业社会，我们应该更多地关注工作背景中的道德推脱，让人们知道并意识到他们可能会出现道德推脱，以此来回避由不道德行为带来的心理负担。Shu、Gino 和 Bazerman

（2011）发现增强道德显著性可以阻止道德推脱，道德推脱在个体欺骗和忘记道德规则中起中介作用。因此，创造道德显著性的情景，如张贴规则海报或制定荣誉制度等可能会在工作中阻止道德推脱。

（三）研究局限和未来研究方向

本节进行的研究也存在一定局限：

第一，研究数据是在同一个时间点收集的，并且由被试者自评完成。因此，我们无法在这些变量中得出因果关系。未来，应采用其他研究设计，如实验法，以深入探究该问题，提供更强的因果证据，同时组织中道德推脱带调节的中介模型应在员工和管理者等多个层次进行检验。

第二，功利主义预测不道德决策的假设没有得到支持，一个可能的原因是不同的研究使用的道德情境的材料不一样。Xu 和 Ma（2016）也发现那些偏好功利主义的个体，不管他们的道德认同高还是低，在欺骗行为上都不存在差异。他们认为功利主义在涉及伤害的假设情境中，如杀一个人救更多个人是比较合适的预测指标，但在日常道德中并不是这样。

第三，我们测量的是个体可能的不道德决策而非真实的不道德行为。Feldman Hall 等（2012）发现在假设的情境中，真实的道德行为可能与道德决策相反。未来的研究应关注个体的真实道德行为，如撒谎、偷盗、污染环境等行为。

第三节　道德专注力的认知机制

我们在前三个研究中开发了有效测量道德专注力的心理量表，检验了中国版道德专注力量表的信效度，并使用问卷调查的方法，验证了道德专注力对道德倾向、道德推脱、不道德决策的影响。根据社会认知理论，道德专注力的决定因素之一是道德信息的长期可达性。我们可以使用实验的方法，采用客观的数据指标来探明道德专注力的认知机制。相比于问卷法，实验法可以得到更直接的因果关系，并排除社会赞许性等因素的影响。因此，我们将采用认知实验法，探索道德专注力对个体道德认知的影响。

杨韶刚（2007）在回顾道德心理学领域的研究后，对已有的研究内容进行系统归类。道德认知领域的研究内容主要涉及道德敏感性、道德专注力、道德推理和判断；道德个性心理领域的研究内容主要涉及道德需要、道德动机、道德人格、道德信念、道德同一性、道德自我，以及道德形成过程中的道德情绪和情感、道德意志等。个体对道德或不道德行为或现象具有哪些感知特点，属于道德认知范畴。道德心理学领域的大多数研究都假定了个体对道德刺激的知觉或存在"诱发情境"。大多数的研究通常都呈现给被试者生动的道德困境，要求他们做出道德判断。尽管道德知觉一般被认为是先于道德判断和道德决策的必要元素，但是很少有研究对道德知觉进行深入探索，如个体的信念、道德认同或道德动机是否可以影响到对先于行为的道德刺激的最基础的意识和解释。在本节中，我们将重点探讨道德专注力对个体道德刺激知觉的影响，而这一影响可能主要体现在道德弹出效应（Moral Pop-out Effect）上。

什么因素可以影响我们的所见？传统观点认为，知觉是自下而上的加工过程，具有认知不可渗透性（Pylyshyn，1999）。然而，一些研究表明知觉受自上而下加工的影响，说明高水平的因素如对象的意义和道德相关性等可以影响我们对其进行知觉的方式。尽管道德和知觉都是认知科学的核心研究对象，但很少有研究将这两个领域联系起来。Gantman 和 Van Bavel（2014）检验了道德关心（Moral Concerns）对个体知觉模糊刺激的影响。他们通过三个系列实验，首次发现，在刺激短暂呈现的条件下（即知觉具有模糊性的条件下），道德相关词可以在视觉意识中快速出现，相比于道德不相关词，人们对道德相关词的知觉准确率更高，即道德相关词比非道德相关词更容易达到知觉意识层面（Perceptual Awareness），他们将这种现象命名为道德弹出效应。由此，Gantman 和 Van Bavel（2015）指出，知觉看似偏好道德内容。

然而，一些学者对此持有反对意见。Firestone 和 Scholl（2015）认为，道德知觉并不存在。Firestone 和 Scholl（2016a，2016b）认为，道德知觉反映的既不是道德，也不是知觉。他们通过实证数据表明，道德知觉反映的是个体"对琐碎的和不令人兴奋"的内容的视觉加工，并不涉及知觉。Firestone 和 Scholl（2015）使用与 Gantman 和 Van Bavel（2014）同样的实验任务（词汇决定任务），也得到了道德弹出效应，但他们发现在"时尚"和"交通"领域也都存在弹出效应。因此，他们认为是所属领域内的单词之间的相互启动，产生了弹出效应，这就像是呈现"医生"一词，加快了个体对"病人"一词的反应的语义启动一样。道德弹出效应完全可以由语义启动解释，而非个体对道德内容的偏好。Gantman 和 Van Bavel（2015，2016，2017）则对 Firestone 和 Scholl（2015，2016a）进行了反驳。Gantman 和 Van Bavel（2017）认为，Firestone 和 Scholl（2015）在研究设计和数据报告上存在一些基本的错误，这导致他们得出的结论不够有力。在研究设计上，Gantman 和 Van Bavel（2016，2017）指出，Firestone 和 Scholl（2015）并没有随机分配被试者去判断道德词 VS. 时尚词或交通词，同时他们也没有获得足够的统计效力来检验他们的主张，即其他语义类别显示出与道德完全相似的效果。因此，他们对道德与时尚或交通效应的任何比较都是推测性的。为了测试语义启动，Firestone 和 Scholl（2015）预测道德词（如犯罪）在其他道德词（如有罪）的上下文中出现时可能更容易被发现，而随机的非道德词（如钢铁）在其他随机词的上下文中并不容易被发现（如累）。Firestone 和 Scholl（2015）预测，相比于在非重复时尚性和/或交通性词语（M = 76.0%）的上下文中，在重复时尚性和/或交通性词语（M = 81.3%）的上下文中，时尚和/或运输词更容易被发现。然而，相比于非重复的控制词（M = 72.7%），随机控制词在其他控制词（M = 74.8%）的上下文背景中，并不能更容易被发现。因此，Firestone 和 Scholl（2015）认为，时尚和/或交通词语似乎比控制词更相互关联。然而，Gantman 和 Van Bavel（2016）指出，Firestone 和 Scholl（2015）并没有报告他们在道德词的研究中采用类似的统计手段，尽管这是 Firestone 和 Scholl（2015）假设的核心。此外，道德中并没有明显的语义重叠内容。例如，杀害和公正都涉及道德内容，但前者是暴力行为的名词，后者是抽象性质的形容词。当词语可明确被识别为属于同一类别或至少具有多个重叠语义特征（如飞行员、机场）时，类别启动（Category Priming）更有可能发生（Gantman & Van Bavel，2017）。因此，Gantman 和 Van Bavel（2016，2017）认为，尽管语义记忆对道德词的检测存在影响，但是 Firestone 和 Scholl（2015）的研究并不足以严谨和充分地证明时尚或交通词的弹出现象是"完全类似"于道德弹出效应的。

通过对上述文献的回顾我们可以发现，对于道德弹出效应是否存在，目前还没有统一的结论。这提示我们，在道德知觉领域，我们至少还有如下工作可以尝试：首先，需要有更多的数据对道德弹出效应加以证实。道德弹出效应的大小是否和刺激的呈现时间等因素有关？其次，以往研究是将英文道德词作为刺激材料，尚未看到中文道德词作为实验材料的研究。在中文背景下，是否也可能存在道德弹出效应？由于中英文的知觉加工速度不同，因此，中文道德词出现道德弹出效应的刺激呈现时间的拐点在哪里？最后，由于知觉受自上而下的因素的影响，道德弹出现象表明高水平的因素，如与道德有关的个体差异变量可能影响我们对道德刺激的知觉。那么，哪些高水平的因素可以影响道德弹出效应？我们在本章中提到的，作为个体差异变量的道德专注力，是否可能影响道德弹出效应？如果道德专注力可以影响道德弹出效应，那么这或许可以解释，道德弹出效应在不同研究中的结论不同，是由被试者道德专注力的高低造成的。我们将在本节重点解决以上三方面的问题。

社会认知的可提取性（Accessibility）观点认为，特定情境中的线索可以相应地改变不同概念的激活程度。道德认知取向的研究，强调的是人们在道德情境中如何进行信息加工和解释。在这个过程中，道德信息的长期可达性在社会信息加工中起到了重要作用。道德信息的可达性可以通过词汇决定任务、内隐联想测验进行测量（黄华、赵飞，2012）。道德专注力作为一个透镜来识别传入的信息是否包含道德内容，而不是将信息归类为"正确"（即道德）或"错误"（即不道德）。由于道德行为通常是由个体反复的自动行为所决定的，而道德专注力强调的是一般意义上的道德，因此，对道德问题的长期关注会影响个体更多的潜意识决定和行为（Sturm，2017）。Reynolds（2006a）构建的道德决策过程的神经认知模型也说明了道德决策过程如何同时涉及潜意识和有意识的决策路径，它们之间相互关联，但在功能上有所不同：潜意识路径使用原型，而意识路径使用道德规则，并且是深思熟虑的。自动化的决策路径最先开始工作，而且速度飞快——它涉及输入刺激与道德原型（Ethical Prototypes）的匹配。之后，有意识或深思熟虑的决策途径开始运行，其目的是使一个即时、直觉的决策合理化，或者在需要更高层次的有意识推理的情况下应用道德规则（Reynolds，2006a）。视觉和道德具有自动化、持久和客观性，因此，我们认为，由于道德信息的长期可达性，道德专注力可以通过道德决策的潜意识路径对道德知觉迅速产生影响，影响的表现方式之一体现为通过使用词汇决定任务，表现出道德弹出效应。特别是道德专注力高的个体，由于其长期关注道德内容，导致道德信息的可达性更高，道德弹出效应更强。但道德专注力低的个体，由于其对道德内容的关注程度低，道德信息的可达性低，造成道德弹出效应减弱，甚至不存在。基于上述分析，我们认为，中文背景下的道德弹出效应是存在的，其效应大小可能与个体的道德专注力存在交互作用。我们将通过认知实验和词汇决定任务，对这一观点予以检验。

一、道德弹出效应实验 1

（一）研究目的

Gantman 和 Van Bavel（2014）发现，当刺激呈现时间为 40ms，在知觉上模糊时，道德词比非道德词更容易达到知觉层面，即更接近人们知觉意识的阈限。因此，个体表现出道德弹出效应。本实验的目的包括两个：①使用词汇决定任务，在刺激呈现时间为 40ms 的条件下，检验中文条件下道德弹出效应是否存在；②检验个体的道德专注力高低是否影响道德弹出效应的大小。

（二）研究方法

1. 实验设计

本实验采用 2（词性：道德真词 VS. 非道德真词）×2（道德专注力：高分组 VS. 低分组）两因素混合实验设计。其中，词性是被试内自变量，分成 2 个水平；道德专注力是被试间自变量，分成 2 个水平。因变量是词汇决定任务中的反应准确率。

2. 实验假设

根据实验目的，我们提出如下实验假设：

（1）词性的主效应显著。在刺激呈现时间为 40ms 的条件下，道德刺激比非道德刺激更可能在知觉层面被人们意识到，表现为个体对道德真词的判定准确率高于非道德真词的判定准确率，即表现出道德弹出效应。

（2）道德专注力影响道德弹出效应，即道德专注力与词性的交互作用显著。相比于低道德专注力组，高道德专注力组对道德真词与非道德真词的判断准确率之差更高。

3. 实验被试

我们事先通过道德专注力量表，对招募的浙江财经大学的本科生和研究生进行筛选，选择道德专注力高分组和道德专注力低分组各 25 名被试者参加实验。高分组（平均年龄 20.28±1.14 岁，其中 4 名男性）的道德专注力平均分为 4.66±0.41；低分组（平均年龄 20.64±1.25 岁，其中 5 名男性）的道德专注力平均分为 2.77±0.40。独立样本 t 检验结果表明，t（48）= 16.470，$p<0.001$，说明高分组的道德专注力平均分显著高于低分组的道德专注力平均分。所有被试者的平均年龄 21.46±1.20 岁，其中 9 名男性，41 名女性，专业为人力资源管理、工商管理、城市管理、经济学和会计学等。被试者完成实验将获得相应的学分作为奖励。

4. 实验任务

词汇决定任务是一种基于关联的内隐测量，它要求被试者迅速而准确地判断出呈现给他的刺激是词还是非词（张钦，1998）。它通过考察一个人如何快速区分与焦点概念相关的单词和非词，来检查个体头脑中该概念的可达性（Uhlmann et al.，2012）。倘若被试者以探查呈现的刺激是否储存在心理词典中来完成词汇决定任务，那么，我们就可以使用该任务来研究词汇通达（Lexical Access）过程（张钦，1998）。

在本实验中，我们将在屏幕上快速呈现一组双字词语，要求被试者判断其是否是真词。如果是"真词"，要求被试者按 Z 键反应；如果是"非词"，要求被试者按 M 键反应。真词指有实际意义的词，如桌子。与其相对应的非词是研究者编造出来的没有实际意义的词，如"桌爱"。以往研究表明，当面孔刺激的呈现时间很短时（17ms 和 33ms），个体的判断正确率处于概率猜测水平，然而当其呈现时间延长（50ms 或更长），个体的判断正确率将逐渐提高至 100%（Gelskov & Kouider，2010）。就英文单词而言，刺激的呈现时间在 40ms 左右，就可以出现道德弹出效应（Gantman & Van Bavel，2014）。综合考虑以往研究，在本实验的词汇决定任务中，我们将词语的呈现时间设置为 40ms。在词语呈现 40ms 后，屏幕呈现掩蔽刺激"××××"200ms，之后出现黑屏，直至被试者做出按键反应。反向掩蔽（Backward Masking）是指稍迟呈现的刺激（掩蔽）使单独短暂呈现条件下（数十毫秒）原本可见的前一刺激（靶）变得不可见的现象。该反直觉现象涉及视知觉、感觉记忆、注意与意识过程，成为工具方法应用于实验和认知心理学研究（刘玲，2006）。在本实验中，我们一共设置了 40 个道德真词、40 个非道德真词和 40 个非词，共 120 个词语刺激。在道德词与非道德词的效价设置上，道德真词包含正效价词（如"无私"）和负效价词（如"抢劫"）各 20 个；非道德真词包含正效价词（如"健康"）和负效价词（如"紧张"）各 20 个。在整个实验过程中，刺激颜色为白色，屏幕背景为黑色。刺激词语处于屏幕中心位置，字体大小为 24 磅。每个词仅出现一次，采用非放回性随机呈现的方式。被试者每完成 40 次按键反应，即可休息，直到准备好进行下一组的按键反应。

5. 实验材料

我们根据郑信军、温小欧和吴琼琼（2013）的方法，从《现代汉语语料库词语频率表》（www.cncorpus.org 语料库）、《现代汉语分类大词典》，以及有关文献中（郑信军、岑国桢，2009；张波，2011；裴敏俊，2015；肖玉珠，

2014）选取了 100 个正效价的道德真词、100 个负效价的不道德真词、100 个正效价的非道德真词和 100 个负效价的非道德真词，共计 400 个真词作为正式实验材料的备选。以上所有词语均为双字复合词。

我们招募了 45 名浙江财经大学和清华大学深圳国际研究生院的本科生和研究生（平均年龄 21.38±2.43 岁，其中 24 名男性、21 名女性）完成词语评定调查问卷，即对这 400 个随机排列的词汇从愉悦度、趋向度、道德度三个方面进行词语情绪维度的 7 点计分评价（1 表示程度最轻，7 表示程度最高），用以表明被试者阅读完该词后的心理感受程度（王一牛、周立明和罗跃嘉，2008）。评价完成后给予被试者 20 元人民币作为报酬。愉悦度、趋向度、道德度的含义如下：

（1）愉悦度：表示不愉悦—愉悦程度。1 表示阅读该词后感到极其不悦、烦恼、不满意、忧伤和失望；7 表示阅读该词后感到极其高兴、愉快、满意、得意和充满希望。

（2）趋向度：表示回避—趋向程度。1 表示阅读该词后极端地想要回避、退避、不愿久视之、不愿久拥有之；7 表示阅读该词后愿意趋近或拥有其物。

（3）道德度：表示无关道德—有关道德程度，即词义反映道德含义的程度。1 反映的是该词完全不涉及道德含义，和道德无关，7 表示该词完全具有道德含义，和道德有关。

根据被试者的评分（按平均分和标准差进行排序），我们首先筛选出在道德度上得分最高的正效价道德真词 20 个，负效价道德真词 20 个，道德真词合计 40 个。在道德度上得分最低的正效价非道德真词 20 个，负效价非道德真词 20 个，非道德真词合计 40 个。结果表明，在道德维度上，道德真词的道德度评分（6.222±0.537）显著高于非道德真词的道德度评分（1.980±0.772），t（44）= 26.277，p < 0.001，95% 置信区间 =［3.907, 4.544］

（Bootstrapping 样本数为 5000）。在愉悦度维度上，道德真词的愉悦度评分（3.631±0.253）与非道德真词的愉悦度评分（3.659±0.309）差异不显著，t（44）=－0.741，p=0.462，95%置信区间=［－0.097，0.045］（Bootstrapping 样本数为 5000）。在趋向度维度上，道德真词的趋向度评分（3.703±0.228）与非道德真词的趋向度评分（3.719±0.333）差异不显著，t（44）=－0.394，p=0.696，95%置信区间=［－0.097，0.0464］（Bootstrapping 样本数为 5000）。在词的笔画数上，道德真词组的笔画数（18.575±4.613）与非道德真词组的笔画数（18.525±4.836）差异不显著，t（78）=0.047，p=0.962，95%置信区间=［－2.038，2.051］（Bootstrapping 样本数为 5000）。非词的组合方法是第一个字选取道德真词的首字，第二个字选择非道德真词中的汉字。道德真词的笔画数、非道德真词的笔画数和非词的笔画数（18.408±4.707）差异不显著，F（2，117）=0.108，p=0.898。以上结果表明，道德真词组与非道德真词组，除了在道德度上存在差异，在愉悦度、趋向度和笔画数上均无显著差异。

6. 实验设备和程序

本实验的实验流程如下：

（1）先在计算机屏幕上呈现指导语，告知被试者这是一项关于视敏度的测试。在实验指导语中，不会提及任何关于道德的概念。指导语如下：

欢迎你参加我们的实验！这是一项关于视敏度的测验。计算机屏幕上首先呈现一个白色的"+"符号注视点，提醒你开始实验。接着呈现一个汉字组合，这个汉字组合可能是具有实际意义的词，如"烧饼"，通常我们称之为"真词"，也可能是不具有实际意义的词，如"烧搬"，通常我们称之为"非词"。你的任务是对这些真词或非词的汉字组合进行判断，如果是"真词"，按 Z 键，如果是"非词"，按 M 键。这些汉字组合呈现的时间很短，其后还会呈现干扰字符"××××"，干扰刺激结束后，出现黑色屏幕，此时需要你集中注意力，尽可能又快又准地做出判断。明白上述指导语，请你坐好，将左手食指放在 Z 键上，右手食指放在 M 键上，实验要求你使用这两个键回答问题。记住，左手做"真词"的判断，右手做"非词"的判断。准备好后，现在请你按 Z 键开始练习，然后进行正式的实验。

（2）指导语结束后，程序将先给出被试者练习实验。练习实验将呈现 5 个非道德词和非词（桌子、奇莱、学校、首田、天空）作为练习刺激，这些词的呈现时间分别是：500ms、300ms、100ms、80ms、60ms，刺激呈现时间递减，以使被试者学习该任务。

（3）练习实验结束后，开始进入正式实验。正式实验的每一个任务都先呈现注视点"+"，注视点的呈现时间分别为 100ms、200ms、300ms，随机呈现，以保证被试者不会找到重复的节奏。注视点之后呈现汉字刺激，约40ms，之后是一个 200ms 的"××××"掩蔽刺激。掩蔽刺激结束之后，屏幕将一直为黑屏，等待被试者做出按键反应。具体的实验流程如图 3-2 所示。

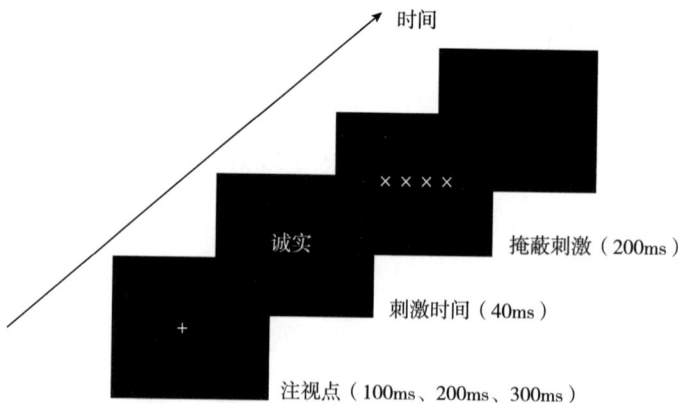

图 3-2　词汇决定任务流程

词汇决定任务在联想台式计算机上完成，计算机屏幕的刷新率为 60Hz，分辨率为 1024×768 像素，实验程序通过 E-prime 2.0 软件编写和呈现。整个实验在灯光昏暗的实验室内进行。被试者距离计算机显示屏大概 60cm。

（三）研究结果

1. 数据处理

根据以往的研究（董蕊，2015a，2015b；Greenwald，Nosek & Banaji，2003）被试者在词汇决定任务上的数据处理标准如下：①删除反应时小于 150ms 或大于 3000ms 的实验任务，反应时过短或过长都可能是因为被试者没有集中注意力在实验任务上；②计算每个被试者在所有实验任务中反应时的平均数和标准差，删除反应时在 3 个标准差之外的实验数据；③如果个别被试者的实验数据异常数超过总实验次数的 25%，则删除该被试者的数据。根据前两条数据删除标准，本实验在道德词和非道德词两种实验条件下，共删除实验任务 72 个，占两类刺激总实验次数的 1.80%。

2. 数据分析

被试者在各自变量条件下的反应准确率和反应时的描述性统计结果如表 3-11 所示。

表 3-11 实验 1 各个条件下被试者反应准确率和反应时的平均数和标准差

道德专注力	词性	反应准确率（M±SD）	反应时（M±SD）
高分组	道德真词	0.94±0.07	717.88±131.16
高分组	非道德真词	0.94±0.08	702.62±134.34
低分组	道德真词	0.89±0.18	789.95±214.57
低分组	非道德真词	0.88±0.16	793.79±198.69

将道德专注力高低分组作为被试间自变量，词性（道德词和非道德词）作为被试内自变量，被试者在特定词性（道德词和非道德词）下的反应准确

率作为因变量，进行重复测量方差分析。结果表明，道德专注力高低分组的主效应不显著，$F_{(1, 48)} = 1.954$，$p = 0.169$；道德词与非道德词的主效应不显著，$F_{(1, 48)} = 0.510$，$p = 0.479$；道德专注力高低分组与词性的交互作用不显著，$F_{(1, 48)} = 0.001$，$p = 0.980$。以上结果说明，被试者并没有表现出道德弹出效应。

将道德专注力高低分组作为被试间自变量，词性（道德词和非道德词）作为被试内自变量，被试者在特定词性（道德词和非道德词）下的反应作为因变量，进行重复测量方差分析。结果表明，道德专注力高低分组的主效应不显著，$F_{(1, 48)} = 2.843$，$p = 0.098$；道德词与非道德词的主效应不显著，$F_{(1, 48)} = 0.452$，$p = 0.505$；道德专注力高低分组与词类的交互作用不显著，$F_{(1, 48)} = 1.265$，$p = 0.266$。

（四）小结

在本实验中，道德弹出效应并未出现我们预期的结果。我们发现，被试者在词汇决定任务中每个自变量水平下的反应准确率均在90%上下，这可能是由于我们将词语刺激的呈现时间设置为40ms，对个体识别中文字词来讲时间过长，造成所有条件下的词语刺激均达到知觉层面，进入个体的知觉意识，出现了天花板效应。综上分析，我们将进行实验2，缩短词语刺激的呈现时间，使个体对刺激的知觉刚刚到达道德知觉意识的阈限，进一步探究中文道德弹出效应所需的刺激呈现时间及影响因素。

二、道德弹出效应实验2

（一）研究目的

在实验1的基础上，缩短词语刺激的呈现时间至20ms，检验中文词汇的道德弹出效应，以及个体的道德专注力高低是否影响道德弹出效应的大小。

（二）实验被试

招募浙江财经大学的本科生和研究生 50 名，平均年龄 21.04±2.74 岁，其中 16 名男生、34 名女生，专业为人力资源管理、企业管理和市场营销。被试者完成实验将获得相应的学分作为奖励。按道德专注力得分的高低，将前 25 名被试者作为高分组（平均年龄 20.28±1.95 岁，9 名男生），将后 25 名被试者作为低分组（平均年龄 21.80±3.21 岁，7 名男生）。高分组的道德专注力平均分为 4.53±0.50；低分组的道德专注力平均分为 2.99±0.66。独立样本 t 检验结果为 t（48）= 9.728，p<0.001，说明高分组的道德专注力平均分显著高于低分组的道德专注力平均分。

（三）研究结果

1. 数据处理

根据实验 1 列出的数据删除标准的前两条，本实验在道德词和非道德词两种实验条件下，共删除实验任务 99 个，占两类刺激总实验次数的 2.48%。

2. 数据分析

被试者在各自变量条件下的反应准确率和反应时的描述性统计结果如表 3-12 所示。

表 3-12　实验 2 各个条件下被试者反应准确率和反应时的平均数和标准差

道德专注力	词性	反应准确率（M±SD）	反应时（M±SD）
高分组	道德真词	0.82±0.12	810.31±204.05
高分组	非道德真词	0.77±0.15	792.21±172.26
低分组	道德真词	0.73±0.13	836.09±228.08
低分组	非道德真词	0.81±0.08	809.61±203.25

将道德专注力高低分组作为被试间自变量，词性（道德词和非道德词）作为被试内自变量，被试者在特定词性（道德词和非道德词）下的反应准确

率作为因变量，进行重复测量方差分析。结果表明，道德专注力高低分组的主效应不显著，$F_{(1, 48)} = 0.665$，$p = 0.419$；道德词与非道德词的主效应不显著，$F_{(1, 48)} = 1.797$，$p = 0.186$；道德专注力高低分组与词性的交互作用显著，$F_{(1, 48)} = 23.710$，$p < 0.001$。进一步比较发现，就道德真词来讲，道德专注力高分组的反应准确率（0.82 ± 0.12）显著高于道德专注力低分组的反应准确率（0.73 ± 0.13），$t_{(48)} = 2.447$，$p = 0.018$；就非道德真词来讲，道德专注力高分组的反应准确率（0.77 ± 0.15）与道德专注力低分组的反应准确率（0.81 ± 0.08）差异不显著，$t_{(48)} = -0.990$，$p = 0.327$。就道德高分组来讲，其对道德真词的反应准确率（0.82 ± 0.12）显著高于对非道德真词的反应准确率（0.77 ± 0.15），$t_{(48)} = 3.362$，$p = 0.003$，表现出道德弹出效应；就道德低分组来讲，其对道德真词的反应准确率（0.73 ± 0.13）显著低于对非道德真词（0.81 ± 0.08）的反应准确率，$t_{(48)} = -3.648$，$p = 0.001$，未表现出道德弹出效应。道德专注力与词性的交互作用如图3-3所示。

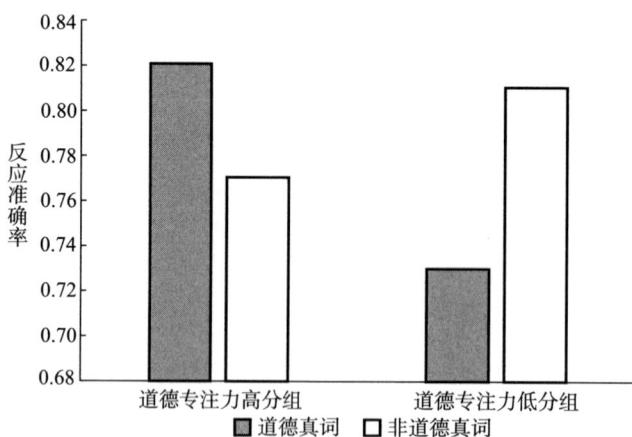

图3-3 道德专注力与词性的交互作用

将道德专注力高低分组作为被试间自变量，词性（道德词和非道德词）作为被试内自变量，被试者在特定词性（道德词和非道德词）下的反应作为因变量，进行重复测量方差分析。结果表明，道德专注力高低分组的主效应不显著，$F(1, 48) = 0.148$，$p = 0.702$；道德词与非道德词的主效应不显著，$F(1, 48) = 3.664$，$p = 0.062$；道德专注力高低分组与词类的交互作用不显著，$F(1, 48) = 0.129$，$p = 0.721$。

（四）讨论

相关研究表明，视觉系统对道德内容是优先敏感的。具体来说，人们正确察觉道德词汇（例如，杀戮、道德、应该）的频率高于非道德词汇（例如，死亡、有用、可以），这就是一种被称为"道德弹出效应"的现象。重要的是，只有当词语模糊地呈现，基本接近知觉意识阈限（即机会和完全准确之间的一半）时，才能观察到道德弹出效应。道德词和非道德词在词语长度和语言频率上相似，证据表明，道德弹出效应并不是由刺激强度、趋向性或唤醒性的差异导致的（Gantman & Van Bavel, 2014）。与非道德内容相比，在感知上模糊的道德内容更容易达到个体知觉的意识层面，并且需要更少的知觉前提条件，道德弹出效应为此提供了最初的证据。

Gantman 和 Van Bavel（2014）系统地改变了刺激的呈现时间，他们发现，对于美国被试者来讲，在刺激呈现时间为 40~50ms 时，道德弹出效应的值最大，这是因为在这个刺激呈现时间上，被试者对词汇判定的准确率在72%左右，接近知觉意识的阈限。如果刺激呈现时间低于30ms（准确率42%左右），或高于60ms（准确率89%左右），则认为刺激呈现时间过短或过长，道德弹出效应减弱甚至消失。元分析的结果也表明，道德弹出效应在刺激呈现时间接近知觉阈限（大约在75%的准确率）时最为显著（Gantman & Van Bavel, 2014）。与非道德刺激相比，在知觉上模糊不清的道德刺激可能需要更少的加工前提条件，因此更容易达到意识层面，这也可能是因为道德刺激满足了人类的核心动机（Gantman & Van Bavel，2014）。

在实验 1 中，我们将刺激呈现时间设定为 40ms，与 Gantman 和 Van Bavel（2014）的刺激呈现时间接近，并没有出现道德弹出效应。通过对实验 1 的数据进行分析我们发现，刺激呈现时间在 40ms 左右时，被试者的反应准确率在 90% 左右，高于 Gantman 和 Van Bavel（2014）要求的接近知觉意识阈限的准确率 72%，出现了天花板效应。在实验 2 中缩短刺激呈现间隔后我们发现，中国大学生此时的反应准确率在 78% 左右，道德弹出效应可以在 20ms 出现，这可能是由刺激类型导致的，也可能和我们选取的样本具有更低的视觉阈限有关，更可能与出现道德弹出效应的个体为高道德专注力者有关。事实上，人们拥有不同的视觉阈限（Radel & Clément-Guillotin，2012）。高道德专注力者可能拥有更低的道德视觉敏感性。Gantman 和 Van Bavel（2014）也指出，他们的研究并不能说明道德刺激的"弹出"发生在特定的时间，仅能说明在知觉模糊的条件下，道德刺激更可能达到意识层面。

知觉是我们在头脑中建构外在现实的过程。道德包括一套关于区分正确和错误的判断、决定和行动的社会原则。考虑到大脑两个截然不同的方面——构建现实和指导我们行动的抽象价值观，很难想象它们是如何相互作用的。传统的认知科学认为，先前的状态，如信念和欲望，在决定早期视觉的内容方面没有任何作用（Fodor，1983）。然而，心理学和神经科学的最新证据表明，先前的经历和动机确实会影响人们通过自上而下的视觉系统所看到的东西（Adams et al.，2010）。道德内容被证明影响了知觉加工过程中的两个阶段：道德内容容易被觉察且同时指挥和驱动注意力（Gantman & Van Bavel，2015）。首先，"察觉"（Detection）是感知的一个基本要素。为了达到意识层面，刺激必须首先被觉察。视觉系统与大脑的其他部分紧密结合，使人们能够将重要的刺激与普通的刺激分离（Lim，Padmala & Pessoa，2009）。例如，相关研究表明，道德关心可能会加强个体对视觉线索的检测。道德情感，如厌恶，出于在道德上对纯洁的担忧，可以将知觉调到光明——黑暗光谱的光明一端。具体来说，具有高特质厌恶敏感性的个体和暴露于令人厌恶的刺激下的个体都能更好地检测出比背景颜色浅一个等级的数字（Sherman，Haidt & Clore，2012）。虽然这项工作没有直接检验道德的效果，但它确实表明，道德情感，如厌恶，可以改变"察觉"。不道德的社会行为也被证明可以决定人脸的检测。通过使用双眼竞争范式，研究人员向被试者的左眼和右眼同时呈现不同的图像（如房子和脸），借此产生模棱两可的刺激输入，大脑通过感知交替的图像（例如，先看到一张脸，然后看到一座房子）来协调这一刺激输入。相对于中立面孔配上"正面"的社会行为（例如，帮助一位老年妇女过马路）或"中立"的社会行为（例如，在街上送一个男人），中立面孔配上"消极"的社会行为（例如，向同学扔椅子）在视觉意识上占主导地位（Anderson et al.，2011）。综上，道德关心似乎可以增强个体对词语、面孔，甚至颜色微小偏差的觉察。其次，在任何时刻，能够在杂乱的视野中过滤和排列相关信息是至关重要的。个体进行信息处理时，信息的低水平特征可以吸引个体的注意力，人们也会（有意和无意地）将注意力调整到环境中与动机相关的方面。"注意"提高了个体对视野某一特定方面的敏感性，并对我们看到的内容和解释我们所处的环境产生影响（Gantman & Van Bavel，2015）。根据正义世界理论，人们相信他们在一个能得到他们应得的东西的世界里。在一项研究中，人们听到了关于主人公在道德上表现良好（例如，为疲惫的妻子做晚餐）或糟糕（例如，要求疲惫的妻子给他做晚餐）的情景。在透露接下来发生了什么之前，参与者可以预览两种可能的结果：一种是好的结果（例如，成功的商业合同），另一种是糟糕的结果（例如，一场可怕的车祸）。被试者的眼睛注视点显示，他们期待好的结果会降临到好的主角身上，而坏的结果会落到坏的主角身上（Callan，Ferguson & Bindemann，2013）。当个体看到一个道德上好或坏的行动者时，他们的视觉注意力反映了人们对该行动者应得东西的期望。上述研究均表明，知觉不仅仅是自下而上加工的过程，同时，它也涉及自上而下的加工过程，受到高水平认知因素的影响。

Gantman 和 Van Bavel（2014）曾对道德弹出效应可能产生影响的个体差异变量做过探索性研究。他们测量被试者的公正世界信念、宗教虔诚、道德基础和厌恶敏感性，结果并没有发现这些个体差异变量与道德弹出效应显著相关。尽管并未发现个体差异变量对道德弹出效应的影响，但 Gantman 和 Van Bavel（2014）仍认为，个人信念可能会改变知觉意识，未来应在这一方面继续进行探索。在实验 2 中，我们发现，就道德专注力高分组来讲，对道德真词的反应准确率显著高于对非道德真词的反应准确率，表现出道德弹出效应；就道德专注力低分组来讲，对道德真词的反应准确率显著低于对非道德真词的反应准确率，未表现出道德弹出效应。基于实验 2 的结果，我们认为，人类知觉对道德内容具有优先偏好。道德专注力加强了个体对道德相关刺激的探测和直接关注。在道德刺激模糊不清的情况下，道德专注力可能影响了个体的"察觉"过程。道德在人类的感知中起着重要的作用：道德内容更容易被视觉系统所察觉，更容易引起注意。识别道德状况和采取适当行动的能力对一个人在社会群体中的生存至关重要，并有助于其获得群体成员提供的必要的身心资源，因此，道德是长期突出的（Gantman & Van Bavel，2015）。道德专注力高的个体，由于长期使用道德的透镜对输入的刺激进行识别，并长期关注和反思生活中的道德问题，因此道德信息对道德专注力高的个体来说更为可及，在道德刺激模糊的情况下，可能由于其知觉阈限更低，而对道德刺激更为敏感，进而更为迅速和准确地察觉出道德信号。与之相反，道德专注力低的个体，由于其对道德内容的关注程度低，道德信息的可达性低，因此，道德弹出效应减弱，甚至不再存在。

第四章　道德专注力与员工绿色行为

在第三章中，首先，我们开发了具有较高信效度的中国版道德专注力量表，验证了道德专注力这一概念包含道德知觉和道德反思两个维度。其次，我们使用该量表检验了道德专注力对形式主义与不道德决策的调节作用，进一步证明了该量表具有良好的效度。然而，在第三章中，我们仅测量了一般的道德决策和道德行为，并没有直接检验道德专注力对绿色行为的影响。因此，在这一章中，我们将继续采用实证研究的方法，直接检验道德专注力对员工绿色行为的积极作用，并探索可能的心理机制。

第一节　理论假设

一、道德专注力与员工绿色行为

"绿色行为"又称为"环保行为"，是指个人做出的对环境绿色循环发展有好处的行动。Stern（2000）认为，绿色行为是"个人降低损坏自然环境的行动的频率"，包括循环利用稀缺的资源并尽量降低日常生活垃圾产生的频率。Bissing-Olson（2013）依据组织成员的目的和要求，将员工的绿色行为分为工作时产生的环保行为以及组织成员自愿的环保行为。其中，工作时产生的环保行为是指组织成员在做完每天的工作内容时一定要让管理者知道的环保行为。换句话说，这种环保行为是员工被硬性要求做到的工作内容。组织自觉自愿的环保行为则是组织成员个人自己愿意做的行为，这种行为组织没有规定一定要做，所以不被计算进企业的工资绩效考核中，是组织成员为了达到组织循环绿色发展的要求而自愿进行的环保行为（Dumont et al.，2017）。Busse 和 Menzel（2014）认为，员工绿色行为主要包括减少稀缺资源的使用、循环利用废旧物品、增加对环保内容的学习、可循环发展地进行工作。而 Kim 等（2017）则指出，员工绿色行为指组织成员个人为达到环境可持续发展的目的，愿意通过一些行动来减少自己的不良行为对自然环境产生的不利影响。综合上述定义，我们认为，员工绿色行为是指员工在工作中自愿采取低碳环保的行为，如及时关灯、使用可重复使用的器皿等，进行可持续性工作。

影响员工产生绿色行为的前因变量大致可以分为个体因素、领导风格、组织变量三类，诸如大五人格尽责性（Kim et al.，2017）、环境价值观（李文杰，2016；王京，2017）、生物圈价值观（Biospheric Values）（Ruepert，Keizer & Steg，2017）、环境变革型领导（彭坚等，2020；汤敏慧、彭坚，2019；Graves et al.，2013）、精神型领导（Afsar，Badir & Kiani，2016）、伦理型领导（刘欢鑫，2020；唐贵瑶、陈琳和袁硕，2019；张佳良、袁艺玮和刘军，2018）、责任型领导（齐慧杰，2019；杨晓彤、周琼瑶，2020）、绿色组织文化（王京，2017）、员工感知到的公司环保行为/环境责任实践

（Lamm, Tosti-Kharas & King, 2015；Manikad et al. , 2015）、组织绿色氛围（Norton, Zacher & Ashkanasy, 2014）等都可以影响员工的绿色行为。员工实施绿色行为后，会使组织和员工个人同时受益，如降低企业成本，提高组织绩效和员工满意度（Lee & De Young, 1994；杨晓彤、周琼瑶，2020）等。第一章已经做过具体的文献回顾，在此不再赘述。

以往关于员工绿色行为的研究，很少考察道德专注力对员工绿色行为的影响及其可能的心理机制。道德专注力是个体区分道德行为和非道德行为的能力，是个体实施绿色行为的重要因素。作为道德专注力的维度之一，道德反思反映了个体在日常决策过程中对道德问题进行有意识思考的程度（Miao et al. , 2019），被认为是员工的一种个人特征。这种特征能够影响员工的认知过程，从而对员工态度和行为产生影响（韩钰，2020）。相关研究表明，道德专注力能够影响员工对伦理或社会责任角色的感知（Dawson, 2008；Wurthmann, 2013），可以促进个体的道德行为（Reynolds, 2008），这其中也包括个体的绿色行为。Kim 等（2017）对来自三家公司 80 个工作团队的 325 名员工进行问卷调查发现，道德专注力与团队领导和团队成员自愿的工作场所绿色行为正相关，道德反思能够促进工作场所绿色行为。道德专注力越高的个体，会在日常生活中更多地思考行为的道德层面，因此更可能考虑到其行为对环境的道德性，以及个体对环境所肩负的道德责任。另外，对于实施绿色人力资源管理的组织，道德专注力高的员工，能够更好地接受企业绿色人力资源管理过程中传达的绿色信息，并对组织产生更高水平的认同，从而强化绿色人力资源管理对员工态度和行为的教化作用（Uckun, Arslan & Yener, 2020）。因此，我们认为，员工的道德注意力越高，越可能关心其行为的道德影响，这种关心可以提高员工的绿色感知能力，增加员工对自然环境的责任心，因此，提高了员工的绿色行为。据此，本章提出以下假设：

H4-1：道德专注力正向预测员工的绿色行为，即员工的道德专注力水平越高，其出现绿色行为的可能性越大。

H4-1a：道德知觉正向预测员工的绿色行为，即员工的道德知觉水平越高，其出现绿色行为的可能性更大。

H4-1b：道德反思正向预测员工的绿色行为，即员工的道德反思水平越高，其出现绿色行为的可能性更大。

二、环保目标清晰度的中介作用

环保目标清晰度（Pro-environmental Goal Clarity）概念来自目标清晰度研究。Sawyer（1992）认为，目标清晰度是指组织成员对个人的工作目标和职能责任明白确定的程度。当员工具有比较高的目标清晰度时，组织成员对自己的工作标准、职位要求和期望有一种明确而正确的认识，这对于组织成员平常的工作具有益处（Hu & Liden，2011）。目标清晰度能降低行动的盲目性，提高个体自控的标准和水平，在实现目标方面起到了不可替代的作用（Locke & Latham，1984）。根据目标设置理论，工作目标越清晰明确，员工的工作绩效也会随着提高。同时，如果员工承认并实行相较而言更加不易的目标，能够比实行相对简单的目标产生更好的工作效果。员工实现某一目标的意愿越高，其产生的工作动机就越强。目标清晰度还能够降低企业员工工作的盲目性与冲动性，提高员工对自己的控制水平，能够有效地促进目标的实现。

具体到绿色管理活动中，环保目标清晰度表现了组织成员个人对于绿色或者环保工作要达到的目标与职能责任的了解和明白确定的程度（彭坚等，2020）。员工环保清晰度越高，越能够明白确定绿色环保是极其重要的工作目标，越能够承担起环保的职能责任，并且能够意识到绿色或者环保行动将获得管理者的认同。同样，员工对环保目标的认识越清晰，其越有可能产生绿色行为。因此，本章提出以下假设：

H4-2：环保目标清晰度对员工绿色行为具有显著的正向影响，即环保目标情绪度越高，员工出现绿色行为的可能性越大。

具有高度道德关注力的人在认识道德问题方面具有天生的敏感性。道德知觉关注的是对道德问题的认识，而道德反思涉及的是个体对道德问题的反思性认知过程，以及对过去道德经验的思考（Afsar et al.，2019）。具有高道德专注力的个体更关注道德问题，并习惯于通过道德透镜来理解过往经验，处理外部刺激。通过对外在刺激进行不断的道德思考和反思，个体将成为一个对日常伦理高度关注的人，这意味着在日常生活和工作中，具有高度道德专注力的个体会思考自身活动所带来的环境伦理问题，意识到自己在环保方面所具有的道德责任。因此，个体的道德关注力水平越高，对自己在环保方面具有的道德责任越清楚，对环保的目标认识越清晰。基于此，本章提出以下假设：

H4-3：道德专注力对环保目标清晰度具有显著的正向影响，即道德专注力水平越高，环保目标清晰度越高。

H4-3a：道德知觉对环保目标清晰度具有显著的正向影响，即道德知觉水平越高，环保目标清晰度越高。

H4-3b：道德反思对环保目标清晰度具有显著的正向影响，即道德反思水平越高，环保目标清晰度越高。

基于以上假设可以看出，道德专注力越高的个体，越可能意识到自身对环境的责任，在日常工作和学习中，对自己的环保目标责任越清楚。当个体具有较高的环保目标清晰度时，其会在工作中将保护环境作为重要的工作目标，其实施绿色行为的可能性增加。基于此，本章提出以下假设：

H4-4：环保目标清晰度在道德专注力与员工绿色行为间起中介作用。

H4-4a：环保目标清晰度在道德知觉与员工绿色行为间起中介作用。

H4-4b：环保目标清晰度在道德反思与员工绿色行为间起中介作用。

本章的整体研究模型如图4-1所示。

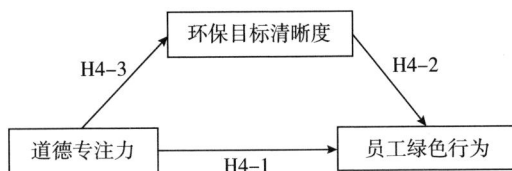

图4-1　道德专注力与员工绿色行为研究模型

第二节　实证检验

一、研究样本

本研究采用滚雪球的方法，通过线上收集与线下收集的方式，招募245名工作人员参加问卷调查。被试者的平均年龄为27.58±6.49岁，女生占比为73.21%，男生占比为26.79%。样本的学历分布情况是，本科学历的工作人员在整个样本中的比例最高，为70.09%；其次为专科学历的工作人员在整个样本中的比例为14.73%；具有高中或高中以下学历的工作人员的比例最低，为3.57%。样本调查对象所在行业的分布，其中，占比最高的为服务业，占样本总量的50%，然后为高新技术产业，占比为20.54%，其他还包括互联网行业、教育行业等。就样本被试者所在企业的性质来看，整个样本中的员工主要来自国有企业和民营企业，国有企业的被试者占样本总量的53.13%，民营企业的被试者占样本总量的31.25%，其余的被试者为外资企业的员工。

二、测量工具

（1）道德专注力：使用本书开发的中国版道德专注力量表。该量表采用李克特式7点计分方法（1代表完全不同意，7代表完全同意），共包含11个条目，对应两个子量表：道德知觉和道德反思。在本章中，道德知觉的Cronbach's α系数是0.88，道德反思的Cronbach's α系数是0.89。

（2）员工绿色行为：采用学者Robertson和Barling（2013）编制的量表，该量表为单维度量表，共包含6道题，采用李克特式5点计分方法，1~5分别表示发生频率由低到高（1表示"从来没有"，5表示"总是"），具体条目见附录10。在本章中，该量表的Cronbach's α系数是0.72。

（3）环保目标清晰度：采用彭坚等（2020）改编自Sawyer（1992）的工作目标清晰度量表。该量表共包含5道题（如"我清楚自己的环保职责"等），每个选项采用李克特式7点计分方法（"1"表示完全不同意，"7"表示完全同意，具体条目见附录11）在本章中，该量表的Cronbach's α系数是0.82。

三、结果

（一）描述性统计分析

道德专注力各维度、环保目标清晰度和员工绿色行为各变量的均值、标准差和变量间的相关系数如表4-1所示。由表4-1可知，道德反思和环保目标清晰度、员工绿色行为显著正相关，环保目标清晰度和员工绿色行为显著正相关，假设 H4-2 成立。

表4-1　道德专注力与员工绿色行为研究描述性统计分析结果

序号	模型	1	2	3	4	5	6	7	8
1	道德知觉	1	0.456**	0.081	-0.040	-0.082	-0.146*	-0.102*	-0.019
2	道德反思		1	0.378**	0.258**	-0.124	0.137*	0.098	0.072
3	环保目标清晰度			1	0.610**	-0.137*	0.181**	0.130*	-0.015
4	员工绿色行为				1	-0.139*	0.265**	0.266**	-0.147*
5	性别					1	-0.283**	-0.291**	0.050
6	年龄						1	0.897**	0.008
7	工作年限							1	-0.158*
8	受教育水平								1
	平均数	3.9286	4.7820	4.0955	4.2476	1.64	27.58	4.773	2.97
	标准差	1.3881	1.2913	0.5919	0.5500	0.480	6.491	5.6054	0.603

注：$N=245$；**表示 $p<0.01$，*表示 $p<0.05$。

（二）回归分析

主效应和中介效应检验采用回归分析方法，道德知觉的回归结果如表4-2所示。模型1和模型3均为基于控制变量回归的基准模型，模型2的因变量是中介变量"环保目标清晰度"，由模型2可以看出，自变量"道德知觉"对中介变量"环保目标清晰度"没有显著的正向影响（$\beta=0.100$，$p>0.05$）；模型4的因变量是"员工绿色行为"，自变量是"道德知觉"，由模型4可以看出，自变量"道德知觉"对"员工绿色行为"没有显著的正向影响（$\beta=-0.011$，$p>0.05$），假设 H4-1a、假设 H4-3a 不成立。为进一步检验环保目标清晰度在道德知觉和员工绿色行为之间的中介效应，在模型4基础上引入中介变量环保目标清晰度后形成模型5。由模型5可以看出，道德知觉对员工绿色行为没有显著的正向影响，虽然回归系数有所减小，但是环保目标清晰度在道德知觉对员工绿色行为的影响中并没有起到中介作用，假设 H4-4a 不成立。

表4-2　道德知觉回归分析

	环保目标清晰度		员工绿色行为		
	模型1	模型2	模型3	模型4	模型5
控制变量					
性别	-0.093	-0.079	-0.062	-0.063	-0.321
年龄	0.155*	0.173*	0.249***	0.247***	0.146**
受教育水平	-0.012	-0.011	-0.146*	-0.147*	-0.140**
自变量					
道德知觉		0.100		-0.011	-0.070
中介变量					
环保目标清晰度					0.585***
F值	3.427*	3.190*	8.550***	6.395***	34.744***
R^2	0.041	0.050	0.096	0.096	0.421
调整后的 R^2	0.029	0.035	0.085	0.081	0.409

注：N=245；*表示 $p<0.05$，**表示 $p<0.01$，***表示 $p<0.001$。

主效应和中介效应检验采用回归分析方法，道德反思的回归结果如表4-3所示。模型1和模型3均为基于控制变量回归的基准模型，模型2的因变量是中介变量"环保目标清晰度"，由模型2可以看出，自变量"道德反思"对中介变量"环保目标清晰度"具有显著的正向影响（β=0.358，p<0.001）；模型4的因变量是"员工绿色行为"，自变量是"道德反思"，由模型4可以看出，自变量"道德反思"对"员工绿色行为"具有显著的正向影响（β=0.234，p<0.001），假设 H4-1b、假设 H4-3b 成立。为进一步检验环保目标清晰度在道德反思和员工绿色行为之间的中介效应，在模型4基础

上引入中介变量环保目标清晰度后形成模型 5。由模型 5 可以看出，加入环保目标清晰度之后，道德反思对员工绿色行为的影响不显著了（$\beta = 0.032$，$p > 0.05$），同时，中介变量环保目标清晰度对员工绿色行为具有显著的正向影响（$\beta = 0.566$，$p < 0.001$），环保目标清晰度在道德反思对员工绿色行为的影响中起到完全中介作用，假设 H4-4b 成立。

表 4-3　道德反思回归分析

	环保目标清晰度		员工绿色行为		
	模型 1	模型 2	模型 3	模型 4	模型 5
控制变量					
性别	−0.093	−0.058	−0.062	−0.039	−0.006
年龄	0.155*	0.116	0.249**	0.224***	0.158**
受教育水平	−0.012	−0.039	−0.146*	−0.164**	−0.142**
自变量					
道德反思		0.358***		0.234***	0.032
中介变量					
环保目标清晰度					0.566***
F 值	3.427*	11.823***	8.550***	10.539***	34.210***
R^2	0.041	0.165	0.096	0.149	0.417
调整后的 R^2	0.029	0.151	0.085	0.135	0.405

注：N=245；* 表示 $p < 0.05$，** 表示 $p < 0.01$，*** 表示 $p < 0.001$。

四、讨论

（一）一般讨论

通过研究发现，道德反思对员工绿色行为具有正向影响；环保目标清晰度对员工绿色行为具有正向影响；道德反思对环保目标清晰度具有正向影响；环保目标清晰度在道德反思与员工绿色行为中起中介作用。

道德专注力指个体在其经验中长期感知、关注道德内容的程度（Reynolds，2008；赵立，2012）。道德专注力包含道德知觉和道德反思两个维度。其中，道德知觉是指对输入刺激进行自动加工的知觉维度，道德反思是指个体对道德进行有意识的反思和检验的思考维度。道德知觉关注的是对道德问题的认识，而道德反思则涉及个体对过去经验道德问题的反思性认知过程。通常具有高度反思性道德的人会意识到他们生活中发生的事情的伦理问题，他们会在道德维度上不断地评估他们的生活和工作场所。他们对经验的有意识感知与道德原则密切相关。他们明白，组织需要产生利润，而对工作场所进行道德维度上的评估之后，他们会严格按照期限完成自己的任务（Afsar et al.，2019）。他们也明白，自己在严格执行工作的过程中所需要承担的伦理责任，这包括个体对组织环保目标的实现所承担的责任。个体清楚地意识到自身在环保目标上所承担的责任，则有助于其在工作中实施环保行为。本章的研究结果也支持了这一观点，道德反思程度越高，个体越可能具有清晰的环保目标清晰度，进而促进员工的绿色行为。

Reynolds（2008）认为，相比于低道德关注力的个体，高道德关注力的个体更关心道德问题，更可能做出道德的行为。但同时，研究者也指出，高道德关注力不一定会转化为道德行为（Reynolds，2008）。研究表明，道德反思比道德知觉对道德决策和道德行为的影响更大（Wurthmann，2013）。Reynolds（2008）也发现道德反思与员工的道德行为相关，而道德知觉与员工的道德行为无关。本章的研究也发现，道德知觉并不能显著影响员工的环保目标清晰度及绿色行为；而道德反思能够显著影响员工的环保目标清晰度及绿色行为。道德知觉仅仅能够使个体对道德问题与非道德问题、行为是否涉及环境伦理维度等进行区分与确认，但道德反思会促使员工对自己的环保目标以及环保行为进行思考，从而意识到自己在工作和生活中所承担的环保职责，进而实施更多的绿色行为。因此，相比于道德知觉，道德反思对员工的绿色行为具有更好的促进作用。

（二）研究启示

本章的研究带给我们一些实践启示。对于企业管理者来说：第一，在招聘过程中，可以适当加入道德反思的题目，尽可能选择契合公司环保理念的员工。第二，为员工树立一个好的环保榜样，尽量选择通过绿色方式办公，引导员工对自己的行为进行道德反思，促使员工反思自己的环保目标，使员工对自己的环保目标更加清晰。第三，社会学习理论（Bandura，1977）和现有的研究表明，道德的专注力可以通过培训和教育开发（Wurthmann，2013）。企业管理者对员工进行绿色行为培训时，介绍绿色行为的概念，加强员工在环保方面的反思，同时对员工做出明确的要求。第四，向下属强调以道德的方式行事的重要性，并奖励下属的道德行为，而不仅是他们的业绩（Mayer et al.，2009）。对道德反思方面表现优异的员工进行激励，同时让员工积极参与组织绿色行为的决策，提高员工环保意识。第五，对那些在环保方面做得相对不好的员工进行批评，使他们改正自己的行为。对于企业员工来说：第一，提高自己的环保意识，积极学习环保方面的知识，在日常工作中提高自己的道德反思能力。第二，参加培训，主动进行道德反思并将培训内容运用到日常的工作中。第三，为改善企业环境建言献策，提高自己在企业事务中的参与度。

（三）研究局限与未来展望

本章的研究也存在一些局限，在未来应予以完善。首先，研究仅考虑了环保目标清晰度在道德专注力与员工绿色行为之间的中介作用，并未考虑其他可能的中介机制。我们在第三章研究发现，个体道德推脱的水平越高，其做出道德或道德行为的可能性越低。道德专注力可以强化形式主义与道德推脱之间的关系。Wu、Font 和 Liu（2020）通过对 285 名旅游者进行的问卷调查发现，道德责任可以对亲环境行为产生正向预测作用，但道德推脱可以对亲环境行为产生负向影响。因此，道德推脱可能是道德专注力与员工绿色行为间的关键心理机制，未来可以尝试探索道德专注力通过道德推脱对绿色行为的影响机制。其次，我们也未深入探索道德专注力作用于绿色行为的边界条件。企业绿色人力资源管理战略的实施、企业的绿色组织文化氛围，以及环境变革型领导是否可能加强员工道德专注力与绿色行为之间的关系，是未来研究探索的重点。最后，问卷调查是采用单一时间点的方法收集相关变量的数据，这可能带来同源偏差的问题，未来应采取多时间点、多层面（组织层面和个体层面）和多来源（员工自评、领导他评）等多种数据采集方法，提高研究结果的因果效度。

第五章　总结与启示

随着世界工业化发展，全球变暖、环境污染等环保问题受到各国学者的重视，企业作为不可缺少的重要参与者，在其中起到至关重要的作用。而企业绿色措施的施行主要依靠员工的配合与参与。也就是说，员工绿色行为有助于提高企业的环境绩效。同时，道德已成为当今社会普遍关注的问题。贺建奎因完成了世界首例基因编辑婴儿而饱受争议，工业界的从业者和伦理学家正在努力解决与无人驾驶汽车相关的伦理问题，甚至公共教育的筹资也上升到道德层面。巧合的是，应用伦理学的实证研究在过去十年中有了长足的发展。企业要实现环保绩效，离不开员工的努力，而员工绿色行为的实现，在很大程度上取决于个体的道德素质。本书重点关注个体道德特质——道德专注力的内涵、外延，其对个体道德行为和绿色行为的影响及作用机理，以期在国家大力提倡环境保护的背景下，探究个体绿色行为的重要前因特质，并提出建设性的伦理培养建议。

第一节　研究总结

道德专注力源于社会认知理论，它的测量不需要依赖特定的目标或事件。个体的道德专注力越高，越可能从道德维度解释外在刺激或事件。道德专注力更强的个体可能对其日常行为的潜在道德维度具有更强的识别性。在整本书中，我们重点探讨了道德专注力的测量方法、认知机制，以及其对个体道德行为和员工绿色行为的影响和作用机理，并对若干理论假设进行了实证检验。大多数研究假设得到了实证数据的支持，并且数据来源至少涉及一个以上的样本群体。

首先，从心理测量学的角度，我们开发了中国版道德专注力量表，检验量表的信度和效度，为后续的实证研究提供了有效的测量工具。实证结果表明，中国版道德专注力量表具有良好的信度和效度，可以有效预测个体对他人不道德行为的报告。道德专注力高的个体可以有效地区分道德行为、不道德行为和非道德行为。当我们想快速简便地测量个体区分道德信息和非道德信息的能力时，就可以使用中国版道德专注力量表，该量表不仅能反映个体对道德刺激的知觉程度，也可以反映个体日常对道德的思考程度，这两者相互影响，提高了个体的道德辨别能力和敏感性。

其次，我们深入了解道德专注力的认知机制。本质上道德专注力是一种稳定的认知倾向，不受刺激材料的情景化和环境因素的影响，因此，如果使用去情景化的实验材料，如道德词或非道德词作为刺激信号，那么高道德专注力的个体更能有效地区分道德词或非道德词。对此，我们采用词汇决定任务和道德弹出效应进行了实证检验。道德弹出效应是指在知觉模糊的条件下，人们对道德相关词的判断准确率要高于对非道德相关词的判断准确率的现象。实验结果表明，在刺激呈现20ms的情况下，高道德专注力的个体表现出道德弹出效应，而低道德专注力的个体未表现出道德弹出效应。这表明，相比于低道德专注力的个体，高道德专注力的个体在知觉模糊的情况下，对道德信号和非道德信号的区分能力更强，即表现为更强的道德辨别能力。

最后，我们通过问卷调查的方法，检验道德专注力与相关概念的关系，及其对道德行为和绿色行为的预测作用。我们的研究发现，道德反思和失范负相关。个体在道德反思上得分越高，表明其越可能坚持道德标准，越不可能赞同那些不被社会许可的行为。道德反思和符号化的道德认同正相关。道德反思与结果主义和形式主义显著正相关；道德知觉和性别正相关，与社会赞许性负相关。道德知觉可以预测个体对他人学术不诚实行为的报告，道德反思可以负向调节形式主义和不道德决策之间的联系。当道德反思高时，形式主义分数越高的个体，越可能拒绝不道德决策；然而，当道德反思水平低时，形式主义和不道德决策之间的相关性减弱甚至不存在。形式主义与道德推脱的倾向呈负相关。形式主义得分越高，个体的道德脱离越低；道德推脱在形式主义和不道德决策之间起负向中介作用；道德知觉在形式主义与道德推脱之间起负向调节作用。当个体道德知觉度较高时，形式主义与道德推脱之间的联系就会更强。当个体道德知觉度较低时，形式主义与道德推脱之间的联系就会减弱。道德反思对员工绿色行为具有正向影响；环保目标清晰度对员工绿色行为具有正向影响；道德反思对环保目标清晰度具有正向影响；环保目标清晰度在道德反思与员工绿色行为中起正向中介作用。

第二节 促进绿色行为的建议

以往研究表明，具有更高道德反思水平的员工，更有可能受到企业绿色人力资源管理的影响，从而表现出更高的环境承诺水平，化解员工亲环境行为伦理困境（Kim et al.，2017）。本书也发现，道德专注力能够促进员工做出道德决策，在工作场所中实施绿色行为。环境保护本身就包含道德特征，是企业或员工重视自然环境、承担社会责任的道德体现。而道德专注力反映了个体在道德问题上思考的深度，就环保而言，当员工将环境保护当作道德问题对待，在日常工作生活中不断反思自身的德行问题，谨慎对待自身所做决定是否违背道德要求时，即具备高道德专注力水平。这类员工更加容易接受企业为实现环境管理目标而采取的绿色人力资源管理实践，并及时内化企业环保价值观和环保导向，愿意积极参与环境保护这一道德行为，对自然环境产生情感上的联系和责任心，从而表现出更高的环境承诺水平。相反，道德专注力水平低的员工缺乏对道德问题的关注和思考，对自身的道德要求不高，当接收企业绿色人力资源管理的信息时，更可能将这种环境管理实践当作企业的强制规范，产生消极应对心理，很难意识到自我与自然环境的联系，对自然环境产生承诺的可能性更小，从而削弱了企业绿色人力资源管理对员工环境承诺的正向促进作用。

因此，对于实施环境管理的企业而言，培育具有更高水平道德专注力的员工具有重要意义。尽管道德专注力被看作是相对稳定的个体差异变量，但研究表明道德专注力不是一成不变的，它也可以受到环境等因素的影响

（Zhu，Treviño & Zheng，2016）。道德专注力是动态变化的，个体的道德专注力水平会随着时间的推移发生改变（Kim et al.，2017），而企业环境将会对员工道德产生潜移默化的影响。从企业来看，一方面需要重视员工道德方面的引导和教育（Wurthmann，2013），如要求员工以符合道德要求的方式完成工作，引导员工在工作中关注问题时首先要考虑到道德方面的特性，对于违背道德规范的员工要予以警示，加深员工对道德问题的深度思考，促进道德行为的内化；另一方面企业可以通过道德行为来提升员工对道德的关注度，在组织中营造关注道德的氛围，如通过承担社会责任向员工展现组织道德，通过道德领导提升下属道德关注度等（韩钰，2020）。对道德专注力水平较高的人来说，这种心理框架是长期可获得的，长期可获得性随后会导致个体自动对未知信息进行道德评估，以及更有意地使用道德作为一个框架来反思经验（Reynolds，2008）。如果他们倾向于在经历中长期感知和考虑道德问题和道德因素，他们很可能会密切关注领导者的言行和性格特征。具有高水平的道德专注力的员工会自动地从道德的角度感知和解释领导者的行为，因此对可持续发展型领导者的行为或结果是否合乎道德更加敏感，也更可能质疑可持续发展型领导者的道德（邹佳星，2020）。因此，提高领导者的道德关注和环保责任，有助于激发下属的道德关注力，促使其通过道德的框架思考问题。

企业需要具有高素质的具有环保理念和道德关注力水平较高的后备人才。程方（2020）认为，需要从人才培养源头出发，加强绿色环保理念教育。商学院在培养具有理论知识和职业技能的复合型人才的同时，还要注重提升学生的道德专注力水平，对他们进行低碳环保教育，将培养学生的绿色环保理念作为教学的重要内容，并开设有关环境伦理学和绿色环保的教育课程，借助专业性的课程培养具有绿色观念的人才，以满足社会对高校毕业生的需求，为绿色人力资源管理提供有利的条件。教师在专业课教学过程中要潜移默化地将环境伦理观念和绿色环保内容传递给学生，加强对学生的低碳环保教育，这对培养学生正确的价值观、提高学生的道德专注力具有重要意义，为企业绿色人力资源管理提供了强大的动力和支撑。

人力资源管理一般包含人力资源规划、招聘与配置、培训与开发、绩效管理、薪酬福利管理和劳动关系管理六大模块，绿色人力资源管理的实践，可以在这些模块中，融入环保概念，提高员工的道德专注力，为企业赢得绿色竞争优势（唐贵瑶等，2015；韩钰，2020；赵素芳、周文斌，2019）。企业进行绿色人力资源管理可采取以下有效措施：

第一，在人力资源规划方面。人力资源主管在为员工安排岗位前，应了解员工的道德专注力水平，根据岗位的要求来安排相适应的员工，宣传绿色理念，引导员工从道德层面对工作中的环保问题进行反思，将绿色行为与道德反思相结合。同时，企业可以制定详细的绿色管理手册，在制度层面对员工的绿色行为进行指导和规范，在绿色理念宣传方面加大投入力度，使绿色管理的理念贯穿到企业的各个层面（陈琳，2018）。

第二，在员工招聘与配置方面。在某种程度上，具有高道德专注力水平的员工通常会被识别出来，通过正式的或非正式的方式，被安排在关键的位置上（Brass，Butterfield & Skaggs，1998）。本书开发的中国版道德专注力量表，为员工招聘选拔提供了一个信效度较高的测量工具。企业在进行员工招聘时，可增加对应聘者道德专注力的测量，将道德专注力和环保理念作为员工选拔的参考标准，重点评估待选人才对绿色经济的了解情况、环保责任意识以及处理环保问题的能力，选择与公司绿色理念更为契合的员工，将员工安排在相应的岗位上，并将企业资源适当向此类员工倾斜。

第三，在员工培训与开发方面。道德的专注力可以通过培训和教育得到提高（Wurthmann，2013）。企业可以开发有关道德关注的培训课程，培养员工的道德反思能力，以对工作过程中出现的绿色问题进行有效识别和道德反思，尤其要关注对管理者的培养。Reynolds（1998）提出，鼓励管理者思考他们所面临的道德复杂性，以及潜在的社会、文化和其他可能影响道德关注的因素，可培养管理者批判性的道德反思。研究表明，如果领导者对道德问题更关注，他们的员工也会如此。当员工具有高度的道德关注力时，他们会自动地从道德的角度感知和解释领导者的行为，从而对领导者的行为或其结果的道德性更加敏感（Erkutlu & Chafra，2017）。因此，管理者应该注重加强员工道德专注力方面的针对性培训，培养员工的绿色行为能力，逐步加深员工对环境保护相关知识的认识，持续更新员工的环保理念（程方，2020）。同时，以身作则，在工作过程中，采取环保方式，如使用可重复使用的器皿、出门随手关灯等。

第四，在绩效管理、薪酬福利管理方面。企业可将环保行为作为员工的考核标准之一，并实行相应的奖惩措施（程方，2020）。对环保意识方面道德反思程度高的员工在薪酬和绩效方面进行激励，鼓励员工对绿色行为进行思考，使员工明确自己的环保目标度，以增加员工的绿色行为，从而提高企业的环保绩效。

参考文献

［1］Adams, R. B. , Ambady, N. , Nakayama, K. , Shimojo, S. （2010）. *The Science of Social Vision*. New York：Oxford University Press.

［2］Afsar, B. , Badir, Y. , Kiani, U. S. （2016）. Linking spiritual leadership and employee pro-environmental behavior：The influence of workplace spirituality, intrinsic motivation, and environmental passion. *Journal of Environmental Psychology*, 45 （1）, 79-88.

［3］Afsar, B. , Shahjehan, A. , Afridi, S. A. , Shah, S. I. , Saeed, B. B. , Hafeez, S. （2019）. How moral efficacy and moral attentiveness moderate the effect of abusive supervision on moral courage? *Economic Research - Ekonomska Istraživanja*, 32 （1）, 3431-3450.

［4］Akaike, H. （1987）. Factor analysis and AIC. *Psychometrika*, 52 （3）, 317-322.

［5］Albert, L. S. , Reynolds, S. , Turan, B. （2015）. Turning inward or focusing out? Navigating theories of interpersonal and ethical cognitions to understand ethical decision-making. *Journal of Business Ethics*, 130 （2）, 467-484.

［6］Ambrose, M. L. , Schminke, M. （1999）. Sex differences in business ethics: The importance of perceptions. *Journal of Managerial Issues*, 11 （4）, 454-474.

［7］Ameen, E. C. , Guffey. D. M. , McMillan, J. J. （1996）. Gender differences in determining the ethical sensitivity of future accounting professionals. *Journal of Business Ethics*, 15 （5）, 591-597.

［8］Anderson, I. M. , Shippen, C. , Juhasz, G. , et al. （2011）. State-dependent alteration in face emotion recognition in depression. *The British Journal of Psychiatry*, 198 （4）, 302-308.

［9］Anderson, J. C. , Gerbing, D. W. （1988）. Structural equation modeling in practice: A review and recommended two-step approach. *Psychological Bulletin*, 103 （3）, 411-423.

［10］Aquino, K. , Reed, A. （2002）. The self-importance of moral identity. *Journal of Personality and Social Psychology*, 83 （6）, 1423-1440.

［11］Aquino, K. , Reed, A. , Thau, S. , Freeman, D. （2007）. A grotesque and dark beauty: How moral identity and mechanisms of moral disengagement influence cognitive and emotional reactions to war. *Journal of Experimental Social Psychology*, 43 （3）, 385-392.

［12］Arlow, P. （1991）. Personal characteristics in college students' evaluations of business ethics and corporate social responsibility. *Journal of Business Ethics*, 10 （1）, 63-69.

［13］Bagozzi, R. P. , Yi, Y. （1988）. On the evaluation of structural equation models. *Journal of the Academy of Marketing Science*, 16 （1）, 74-94.

［14］Bandura, A. （1977）. *Social learning theory*. Englewood Cliffs, NJ:

Prentice-Hall.

［15］Bandura, A. （1986）. *Social foundations of thought and action*. Englewood Cliffs, NJ: Prentice-Hall.

［16］Bandura, A. （1999）. Moral disengagement in the perpetration of inhumanities. *Personality and Social Psychology Review*, 3 （3）, 193-209.

［17］Bandura, A. （2002）. Selective moral disengagement in the exercise of moral agency. *Journal of Moral Education*, 31 （2）, 101-119.

［18］Bandura, A. , Barbaranelli, C. , Caprara, G. V. （1996）. Mechanisms of moral disengagement in the exercise of moral agency. *Journal of Personality of Social Psychology*, 71 （2）, 364-374.

［19］Barnett, T. , Cochran, D. S. , Taylor, G. S. （1993）. The internal disclosure policies of private-sector employers: An initial look at their relationship to employee whistleblowing. *Journal of Business Ethics*, 12 （2）, 127-136.

［20］Barrick, M. R. , Stewart, G. L. , Piotrowski, M. （2002）. Personality and job performance: Test of the mediating effects of motivation among sales representatives. *Journal of Applied Psychology*, 87 （1）, 43-51.

［21］Bauer, T. N. , Aimansmith, L. （1996）. Green career choices: The influence of ecological stance on recruiting. *Journal of Business and Psychology*, 10 （4）, 445-458.

［22］Beekun, R. , Stedham, Y. , Westerman, J. （2010）. Effects of justice and utilitatianism on ethical decision making: A cross-cultural examination of gender similarities and differences. *Business Ethics: A European Review*, 19 （4）, 309-325.

［23］Bilal, A. , Asad, S. , Sajjad, A. A. , Syed, I. S. , Bilal, B. S. ,

Shakir, H. (2019). How moral efficacy and moral attentiveness moderate the effect of abusive supervision on moral courage? *Economic Research – Ekonomska Istraživanja*, 32 (1), 3431-3450.

[24] Bissing-Olson, M. J., Iyer, A., Fielding, K. S., et al. (2013). Relationships between daily affect and pro-environmental behavior at works: The moderating role of pro-environmental attitude. *Journal of Organizational Behavior*, 34 (2), 156-175.

[25] Black, J. S., Stern, P. C., Elworth, J. T. (1985). Personal and contextual influences on household energy adaptations. *Journal of Applied Psychology*, 70 (1), 3-21.

[26] Blarney, R. K., Braithwaite, V. A. (1997). A social values segmentation of the potential ecotourism market. *Journal of Sustainable Tourism*, 5 (1), 29-45.

[27] Boiral, O., Paille, P., Raneri, N. (2015). The nature of employees' pro-environmental behaviors. In Ennifer L. R., Julian B. *The psychology of green organizations*. New York: Oxford University Press.

[28] Boiral, O., Talbot, D., Paill, P. (2015). Leading by example: A model of organizational citizenship behavior for the environment. *Business Strategy & the Environment*, 24 (6), 532-550.

[29] Bombiak, E., Marciniuk k. A. (2018). Green human resource management as a tool for the sustainable development of enterprises: Polish young company experience. *Sustainability*, 10 (6), 1-22.

[30] Bonner, J., Greenbaum, R., Mayer, D. (2016). My boss is morally disengaged: The role of ethical leadership in explaining the interactive effect of su-

pervisor and employee moral disengagement on employee behaviors. *Journal of Business Ethics*, 137 (4), 731-742.

[31] Brady, F. N. (1985) . A Janus-Headed model of ethical model of ethical theory: Looking two ways at business/society issues. *Academy of Management Review*, 10 (3), 568-576.

[32] Brady, F. N. , Wheeler, G. E. (1996) . An empirical study of ethical predispositions. *Journal of Business Ethics*, 15 (9), 927-940.

[33] Brass, D. J. , Butterfield, K. D. , Skaggs, B. C. (1998) . Relationships and unethical behavior: A social network perspective. *Academy of Management Review*, 23 (1), 14-31.

[34] Browne, M. W. , Cudeck, R. (1992) . Alternative ways of assessing model fit. *Sociological Methods & Research*, 21 (2), 230-258.

[35] Buchtel, E. E. , Guan, Y. J. , Peng, Q. , et al. (2015) . Immorality east and west: Are immoral behaviors especially harmful, or especially uncivilized? *Psychology Bulletin*, 41 (10), 1382-1394.

[36] Burnaz, S. , Atakan, M. G. S. , Topcu, Y. I. , Singhapakdi, A. (2009) . An exploratory cross-cultural analysis of marketing ethics: The case of Turkish, Thai, and American businesspeople. *Journal of Business Ethics*, 90 (3), 371-382.

[37] Busse, M. , Menzel, S. (2014) . The role of perceived socio-spatial distance in adolescents' willingness to engage in pro-environmental behavior. *Journal of Environmental Psychology*, 40, 412-420.

[38] Butterfield, K. D. , Treviño, L. K. , Weaver, G. R. (2000) . Moral awareness in business organizations: Influences of issue-related and social context

factors. *Human Relations*, 53 (7), 981-1018.

[39] Calabrese, W. R., Rudick, M. M., Simms, L. J., Clark, L. A. (2012). Development and validation of big four personality scales for the schedule for nonadaptive and adaptive personality-second edition (SNAP-2). *Psychological Assessment*, 24 (3), 751-763.

[40] Callan, M. J., Ferguson, H. J., Bindemann, M. (2013). Eye movements to audiovisual scenes reveal expectations of a just world. *Journal of Experimental Psychology General*, 142 (1), 34-40.

[41] Caravita, S., Sijtsema, J., Rambaran, J. A., Gini, G. (2014). Peer influences on moral disengagement in late childhood and early adolescence. *Journal of Youth and Adolescence*, 43 (2), 193-207.

[42] Cardwell, S. M., Piquero, A. R., Jennings, W. G., Copes, H., Schubert, C. A., Mulvey, E. P. (2015). Variability in moral disengagement and its relation to offending in a sample of serious youthful offenders. *Criminal Justice & Behavior*, 42 (8), 253-261.

[43] Cattell, R. B. (1966). The scree test for the number of factors. *Multivariate Behavioral Research*, 1 (2), 245-276.

[44] Chan, S. Y. S., Leung, P. (2006). The effects of accounting students' ethical reasoning and personal factors on their ethical sensitivity. *Managerial Auditing Journal*, 21 (4), 436-457.

[45] Chen, Y., Tang, G., Jin, J., et al. (2015). Linking market orientation and environmental performance: The influence of environmental strategy, employee's environmental involvement, and environmental product quality. *Journal of Business Ethics*, 127 (2), 479-500.

［46］Chen, Z. , Li, H. , Wong, C. T. C. （2002）. An application of bar-code system for reducing construction wastes. *Automation in Construction*, 11 （5）, 521-533.

［47］Church, B. , Gaa, J. C. , Khalid Nainar, S. M. , Shehata, M. M. （2005）. Experimental evidence relating to the person-situation interactionist model of ethical decision making. *Business Ethics Quarterly*, 15 （3）, 363-383.

［48］Clayboum, M. （2011）. Relationships between moral disengagement, work characteristics and workplace harassment. *Journal of Business Ethics*, 100 （2）, 283-301.

［49］Cohen, J. , Cohen, P. （1983）. *Applied multiple regression/correlation analysis for the behavioral Sciences*. 2nd ed. Hillsdale, N J. : Erlbaum.

［50］Cohen, J. R. , Pant, L. W. , Sharp, D. J. （2001）. An examination of differences in ethical-decision making between Canadian business students and accounting professionals. *Journal of Business Ethics*, 30 （4）, 319-336.

［51］Cohen, T. R. , Panter, A. T. , Turan, N. , Morse, L. , Kim, Y. （2014）. Moral character in the workplace. *Journal of Personality of Social Psychology*, 107 （5）, 943-963.

［52］Costello, A. B. , Osborne, J. W. （2005）. Best practices in exploratory factor analysis: Four recommendations for getting the most from your analysis. *Practical Assessment, Research & Evaluation*, 10 （7）, 1-9.

［53］Craft, J. L. （2013）. A review of the empirical ethical decision-making literature: 2004-2011. *Journal of Business Ethics*, 117 （2）, 221-259.

［54］Crimston, D. , Bain, P. G. , Hornsey, M. J. , Bastian, B. （2016）. Moral expansiveness: Examining variability in the extension of moral world. *Journal of Personality and Social Psychology*, 111 (4), 636−653.

[55] Culiberg, B. , Mihelic, K. K. (2016) . Three ethical frames of reference: Insights into Millennials' ethical judgements. *Business Ethics: A European Review*, 25 (1), 95−110.

[56] Davis, A. J. (1977) . Ethical dilemmas and nursing practice. *The Linacre Quarterly*, 44 (4), 5.

[57] DeLisi, M. , Peters, D. J. , Dansby, T. , Vaughn, M. G. , Shook, J. J. , Hochstetler, A. (2014) . Dynamics of psychopathy and moral disengagement in the etiology of crime. *Youth Violence & Juvenile Justice*, 12 (4), 295−314.

[58] Deshpande, S. P. (2009) . A study of ethical decision making by physicians and nurses in hospitals. *Journal of Business Ethics*, 90 (3), 387−397.

[59] Detert, J. R. , Treviño, L. K. , Sweitzer, V. L. (2008) . Moral disengagement in ethical decision making: A study of antecedents and outcomes. *Journal of Applied Psychology*, 93 (2), 374−391.

[60] Duffy, M. K. , Scott, K. L. , Shaw, J. D. , Tepper, B. J. , Aquino, K. (2012) . A social context model of envy and social undermining. *Academy of Management Journal*, 55 (3), 643−666.

[61] Dumont, J. , Shen, J. , Deng, X. (2017) . Effects of green HRM practices on employee workplace green behavior: The role of psychological green climate and employee green values. *Human Resource Management*, 56 (4), 613−627.

[62] Eastman, K. L. , Eastman, J. K. , Iyer, R. (2008) . Academic dishonesty: An exploratory study examining whether insurance students are different from other college students. *Risk Management and Insurance Review*, 11 (1), 209−

226.

[63] Edwards, J. R. , Lambert, L. S. (2007) . Methods for integrating moderation and mediation: A general analytical framework using moderated path analysis. *Psychological Methods*, 12 (1), 1–22.

[64] Elm, D. R. , Radin, T. J. (2012) . Ethical decision making: Special or no different? *Journal of Business Ethics*, 107 (3), 313–329.

[65] Erkutlu, H. V. , Chafra, J. (2017) . Leader narcissism and subordinate embeddedness: The moderating roles of moral attentiveness and behavioral integrity. *EuroMed Journal of Business*, 12 (2), 146–162.

[66] Fehr, R. , Yam, K. C. , He, W. , Chiang, J. T. , Wei, W. (2017) . Polluted work: A self-control perspective on air pollution appraisals, organizational citizenship, and counterproductive work behavior. *Organizational Behavior and Human Decision Processes*, 143, 98–110.

[67] Feinberg, M. , Willer, R. (2013) . The moral roots of environmental attitudes. *Psychological Science*, 24 (1), 56–62.

[68] FeldmanHall, O. , Mobbs, D. , Evans, D. , Hiscox, L. , Navrady, L. , Dalgleish, T. (2012) . What we say and what we do: The relationship between real and hypothetical moral choices. *Cognition*, 123 (3), 434–441.

[69] Ferketich, D. (1991) . Focus on psychometrics aspects of item anaylysis. *Research in Nursing & Health*, 14 (2), 165–168.

[70] Fida, R. , Paciello, M. , Tramontano, C. , Fonine, R. G. , Barbarnelli, C. , Farnese, M. L. (2015) . An integrative approach to understanding counterproductive work behavior: The roles of stressors, negative emotions, and moral disengagement. *Journal of Business Ethics*, 130 (1), 131–144.

[71] Firestone, C. , Scholl, B. J. (2015) . Enhanced visual awareness for morality and pajamas? Perception vs. memory in "top-down" effects. *Cognition*, 136, 409-416.

[72] Firestone, C. , Scholl, B. J. (2016a) . "Moral perception" reflects neither morality nor perception. *Trends in Cognitive Science*, 20 (2) , 75-76.

[73] Firestone, C. , Scholl, B. J. (2016b) . Cognition does not affect perception: Evaluating the evidence for "top-down" effects. *Behavioral and Brain Sciences*, 39, e229.

[74] Fisk, S. T. , Taylor, S. E. (1991) . *Social cognition.* 2nd ed. New York: McGraw-Hill.

[75] Fisk, S. T. , Taylor, S. E. (1991) . *Social cognition.* 2nd ed. New York: McGraw-Hill.

[76] Fiske, S. T. and Taylor, S. E. (1991) . *Sognition.* 2nd Edition, Mc Graw-IIill, New York.

[77] Fodor, J. A. (1983) . *The modularity of mind: An essay in faculty psychology.* Cambridge: MIT Press.

[78] Ford, J. K. , MacCallum, R. C. , Tait, M. (1986) . The application of exploratory factor analysis in applied psychology: A critical review and analysis. *Personnel Psychology*, 39 (2) , 291-314.

[79] Ford, R. C. , Richardson, W. D. (1994) . Ethical decision making: A review of the empirical literature. *Journal of Business Ethics*, 13 (3) , 205-221.

[80] Fortin, M. , Nadisic, T. , Bell, C. M. , Crawshaw, J. R. , Cropanzano, R. (2016) . Beyond the particular and universal: dependence, independence, and interdependence of context, justice, and ethics. *Journal of Business Ethics*, 137

(4), 639-647.

[81] Frimer, J. A., Walker, L. J., Dunlop, W. L., Lee, B. H., Riches, A. (2011). The integration of agency and communion in moral personality: Evidence of enlightened self-interest. *Journal of Personality and Social Psychology*, 101 (1), 149-163.

[82] Fritzsche, D. J., Oz, E. (2007). Personal values' influence on the ethical dimension of decision making. *Journal of Business Ethics*, 75 (4), 335-343.

[83] Gantman, A. P., Van Bavel, J. J. (2014). The moral pop-out effect: Enhanced perceptual awareness of morally relevant stimuli. *Cognition*, 132 (1), 22-29.

[84] Gantman, A. P., Van Bavel, J. J. (2016). Seeing for yourself: Perception is attuned to morality. *Trends in Cognitive Sciences*, 20 (2), 76-77.

[85] Gantman, A. P., Van Bavel, J. J. (2017). Behavior is Multiply Determined and Perception Has Multiple Components: The Case of Moral Perception. *Behavioral Brain Sciences*, 39, e242.

[86] Gantman, A. P., Van Bavel, J. J. (2015). Moral perception. *Trends in Cognitive Sciences*, 19 (11), 631-633.

[87] Gelskov, S. V., Kouider, S. (2010). Psychophysical thresholds of face visibility during infancy. *Cognition*, 114, 285-292.

[88] Gholami, K., Tirri, K. (2012). The cultural dependence of the ethical sensitivity scale questionnaire: The case of Iranian Kurdish teachers. *Education Research International*, 2012, 1-9.

[89] Giacalone, R. A., Jurkiewicz, C. L., Promislo, M. (2016). Ethics

and well-being: The paradoxical implications of individual differences in ethical ori-
entation. *Journal of Business Ethics*, 137 (3), 491-506.

[90] Gini, G., Pozzoli, T., Hymel, S. (2014). Moral disengagement among children and youth: A meta-analytic review of links to aggressive behavior. *Aggressive Behavior*, 40 (1), 56-68.

[91] Goldenberg, S., Kirchgaessne, S. (2015). Pope Francis demands UN respect rights of environment over "thirst for power". The Guardian. Retrieved from http://www.theguardian.com/world/2015/sep/25/popefrancis-asserts-right-environment-un.

[92] Goolsby, J. R., Hunt, S. D. (1992). Cognitive moral development and marketing. *Journal of Marketing*, 56 (1), 55-68.

[93] Graves, L. M., Sarkis, J., Zhu, Q. (2013). How transformational leadership and employee motivation combine to predict employee proenvironmental behaviors in China. *Journal of Environmental Psychology*, 35 (8), 81-91.

[94] Greene, J. D., Nystrom, L. E., Engell, A. D., Darley, J. M., Cohen, J. D. (2004). The neural bases of cognitive conflict and control in moral judgment. *Neuron*, 44 (2), 389-400.

[95] Greene, J. D., Sommerville, R. B., Nystrom, L. E., Darley, J. M., Cohen, J. D. (2001). An fMRI investigation of emotional engagement in moral judgment. *Science*, 293 (5537), 2105-2107.

[96] Greenwald, A. G., Nosek, B. A., Banaji, M. R. (2003). Understanding and using the implicit association test: I. an improved scoring algorithm. *Journal of Personality and Social Psychology*, 85, 197-216.

[97] Groves, K., Vance, C., Paik, Y. (2008). Linking linear/nonlinear

thinking style balance and managerial ethical decision-making. *Journal of Business Ethics*, 80 (2), 305-325.

[98] Guagnano, G. A. , Stern, P. C. , Dietz, T. (1995) . Influences on attitude-behavior relationships a natural experiment with curbside recycling. *Environment and Behavior*, 27 (5), 699-718.

[99] Hayes, A. F. (2013) . *Introduction to mediation, moderation, and conditional process analysis: A regression-based approach*. New York: The Guilford Press.

[100] Herrnstadt, E. , Heyes, A. , Muehlegger, E. , Saberian, S. (2017) . Air pollution as a cause of violent crime: Evidence from Los Angeles and Chicago. Working paper.

[101] Hodge, K. , Hargreaves, E. A. , Gerrard, D. , Lonsdale, C. (2013) . Psychological mechanisms underlying doping attitudes in sport: Motivation and moral disengagement. *Journal of Sport & Exercise Psychology*, 35 (4), 419-432.

[102] Hodge, K. , Lonsdale, C. (2011) . Prosocial and antisocial behavior in sport: The role of coaching style, autonomous vs. controlled motivation, and moral disengagement. *Journal of Sport & Exercise Psychology*, 33 (4), 527-547.

[103] Hofmann, W. , Wisneski, D. , Brandt, M. J. , Skitka, L. J. (2014) . Morality in everyday life. *Science*, 345 (6202), 1340-1343.

[104] Hu, J. , Liden, R. C. (2011) . Antecedents of team potency and team effectiveness: An examination of goal and process clarity and servant leadership. *Journal of Applied Psychology*, 96 (4), 851-862.

[105] Hu, L. T. , Bentler, P. M. (1998) . Fit indices in covariance structural equation modeling: Sensitivity to underparametrized model misspicication.

Psychological Methods, 3 (4), 424-453.

［106］Hu, L. T., Bentler, P. M. (1999). Cutoff criteria for fit indexes in covariance structure analysis: Conventional criteria versus new alternatives. *Structural Equation Modeling*, 6 (1), 1-55.

［107］Hulpia, H., Devos, G., Rosseel, Y. (2009). Development and validation of scores on the distributed leadership inventory. *Educational and Psychological Measurement*, 69 (6), 1013-1034.

［108］Hunt, S. D., Vasquez-Parraga, A. Z. (1993). Organizational consequences, marketing ethics, and salesforce supervision. *Journal of Marketing Research*, 30 (1), 78-90.

［109］Hunt, S. D., Vitell, S. (1986). A general theory of marketing ethics. *Journal of Macromarketing*, 6 (1), 5-16.

［110］Husted, B. W. (2000). The impact of national culture on software piracy. *Journal of Business Ethics*, 26 (3), 197-211.

［111］Hystad, S. W., Mearns, K. J., Eid, J. (2014). Moral disengagement as a mechanism between perceptions of organizational injustice and deviant work behaviours. *Safety Science*, 68, 138-145.

［112］Iyer, R., Eastman, J. K. (2006). Academic dishonesty: Are business students different from other college students. *Journal of Education for Business*, 82 (2), 101-103.

［113］Jabbour, C. J. C., Santos, F. C. A., Fonseca, S. A., et al. (2013). Green teams: Understanding their roles in the environmental management of companies located in Brazil. *Journal of Cleaner Production*, 46 (2), 58-66.

［114］Jackson, D. L., Gillaspy, J. A., Purc-Stephenson, R. (2009).

Reporting practices in confirmator factory analysis: An overview and some recommendations. *Psychological Methods*, 14 (1), 6-23.

[115] James, L. R. (1998) . Measurement of personality via conditional reasoning. *Organizational Research Methods*, 1 (2), 131-163.

[116] Ji, L. J. , Peng, K. , Nisbett, R. E. (2000) . Culture, control, and perception of relationships in the environment. *Journal of Personality and Social Psychology*, 78 (5), 943-955.

[117] Johnson, J. F. , Buckley, M. R. , (2015) . Multi-level organizational moral disengagement: Directions for future investigation. *Journal of Business Ethics*, 130 (2), 291-300.

[118] Johnson, R. E. , Tolentino, A. L. , Rodopman, O. B. , Cho, E. (2010) . We (sometimes) know not how we feel: Predicting work behaviors with an implicit measure of trait affectivity. *Personnel Psychology*, 63 (1), 197-219.

[119] Jones, G. E. , Kavanagh, M. J. (1996) . An experimental examination of the effects of individual and situational factors on unethical behavioral intentions in the workplace. *Journal of Business Ethics*, 15 (5), 511-523.

[120] Jones, T. M. (1991) . Ethical decision making by individuals in organizations: An issue-contingent model. *Academy of Management Review*, 16 (2), 366-395.

[121] Jose, C. , Jabbour, C. (2011) . How green are HRM practices, organizational culture, learning and teamwork? A brazilian study. *Industrial and Commercial Training*, 43 (2), 98-105.

[122] Kaiser, H. F. (1960) . The application of electronic computers to factor analysis. *Educational and Psychological Measurement*, 20 (1), 141-151.

［123］ Kant, Immanuel. (1997). *Lectures on Ethics*. Cambridge: Cambridge University Press.

［124］ Karacaer, S., Gohar, R., Aygün, M., Sayin, C. (2009). Effects of personal values on auditor's ethical decisions: A comparison of Pakistani and Turkish professional auditors. *Journal of Business Ethics*, 88, 53-64.

［125］ Kim, A., Kim, Y., Han, K., et al. (2017). Multilevel influences on voluntary workplace green behavior: Individual differences, leader behavior, and coworker advocacy. *Journal of Management*, 43 (5), 1335-1358.

［126］ Kish-Gephart, J. J., Harrison, D. A., Treviño, L. K. (2010). Bad apples, bad cases, and bad barrels: Meta-analytic evidence about sources of unethical decisions at work. *Journal of Applied Psychology*, 95 (1), 1-31.

［127］ Koenigs, M., Young, L., Adolphs, R., Tranel, D., Cushman, F., Hawser, M., Damasio, A. (2007). Damage to the prefrontal cortex increases utilitarian moral judgements. *Nature*, 446 (7138), 908-911.

［128］ Kohlberg, L. (1981). *The philosophy of moral development*. New York: Harper and Row.

［129］ Kohn, M., Schooler, C. (1983). *Work and personality: An inquire into the impact of social stratification*. Norwood, NJ: Ablex.

［130］ Kokkinos, C. M., Voularidou, I., Markos, A. (2016). Personality and relational aggression: Moral disengagement and friendship quality as mediators. *Personality and Individual Differences*, 95, 74-79.

［131］ Krajbich, I., Adolphs, R., Tranel, D., Denburg, N. L., Camerer, C. F. (2009). Economic games quantify diminished sense of guilt in patients with damage to the prefrontal cortex. *Journal of Neuroscience*, 29 (7), 2188-2192.

［132］ Kunda, Z. , Davies, P. G. , Adams, B. D. , Spencer, S. J. (2002) . The dynamic time course of stereotype activation: Activation, dissipation, and resurrection. *Journal of Personality and Social Psychology*, 82 (3) , 283-299.

［133］ Lamm, E. , Tosti-Kharas, J. , King, C. E. (2015) . Empowering employee sustainability: Perceived organizational support toward the environment. *Journal of Business Ethics*, 128 (1) , 207-220.

［134］ Lamm, E. , Tosti-Kharas, J. , Williams, E. G. (2013) . Organizational citizenship behavior toward the environment. *Group & Organization Management*, 38 (2) , 163-197.

［135］ Lee, Y. J. , De Young, R. (1994) . Intrinsic satisfaction derived from office recycling behavior: A case study in Taiwan. *Social Indicators Research*, 31 (1) , 63-76.

［136］ Leitsch, D. L. (2006) . Using dimensions of moral intensity to predict ethical decision-making in accounting. *Accounting Education: An International Journal*, 15 (2) , 135-149.

［137］ Lim, S. L. , Padmala, S. , Pessoa, L. (2009) . Segregating the significant from the mundane on a moment-to-moment basis via direct and indirect amygdala contributions. Proceeding of the National . *Academy of Sciences of the United States*, 106 (39) , 16841-16846.

［138］ Locke, E. A. , Latham, G. P. (1984) . *Goal-setting: A motivational technique that works*. Englewood Cliffs, NJ: Prentice Hall.

［139］ Loe, T. , Ferrell, L. , Mansfield, P. (2000) . A review of empirical studies assessing ethical decision making in business. *Journal of Business Ethics*, 25 (3) , 185-204.

[140] Lowry, P. B. , Posey, C. , Roberts, T. L. , Bennett, R. (2014) . Is your banker leaking your personal information? The roles of ethics and individual-level cultural characteristics in predicting organizational computer abuse. *Journal of Business Ethics*, 121 (3), 385-401.

[141] Lu, J. G. , Lee, J. J. , Gino, F. , Galinsky, A. D. (2018) . Polluted morality: Air pollution predicts criminal activity and unethical behavior. *Psychological Science*, 29 (3), 340-355.

[142] Luper, S. (2001) . *A guide to Ethics*. New York: McGraw-Hill.

[143] Mandip, G. (2012) . Green HRM: People management commitment to environmental sustainabilit. *Research Journal of Recent Sciences*, 1 (ISC-2011), 244-252.

[144] Manikad, D. , Wells, V. K. , Gregory-Smith, D. , et al. (2015) . The impact of individual attitudinal and organisational variables on workplace environmentally friendly behaviours. *Journal of Business Ethics*, 126 (4), 663-684.

[145] Marta, J. , Singhapakdi, A. , Kraft, K. (2008) . Personal characteristics underlying ethical decisions in marketing situations: A survey of small business managers. *Journal of Small Business Management*, 46 (4), 589-606.

[146] Masuda, T. , Nisbett, R. E. (2001) . Attending holistically versus analytically: Comparing the context sensitivity of Japanese and Americans. *Journal of Personality and Social Psychology*, 81 (5), 922-934.

[147] Mathews, A. M. , MacLeod, C. (1985) . Selective processing of threat cues in anxiety states. *Behaviour Research and Therapy*, 23 (5), 563-569.

[148] Mayer, D. M. , Kuenzi, M. , Greenbaum, R. , Bardes, M. , Salvador, R. (2009) . How low does ethical leadership flow? Test of a trickle-down

model. *Organizational Behavior & Human Decision Processes*, 108 (1), 1–13.

［149］Mayo, M. A. , Marks, L. J. (1990) . An empirical investigation of a general theory of marketing ethics. *Journal of the Academy of Marketing Science*, 18 (2), 163–171.

［150］McAlister, A. L. , Bandura, A. , Owen, S. V. (2006) . Mechanisms of moral disengagement in support of military force: The impact of Sept. 11. *Journal of Social & Clinical Psychology*, 25 (2), 141–165.

［151］McCabe, D. L. , Treviño, L. K. (1993) . Academic dishonesty: Honor codes and other contextual influences. *Journal of Higher Education*, 64 (5), 520–538.

［152］McKinney, J. A. , Emerson, T. L. , Neubert, M. J. (2010) . The effects of ethical codes on ethical perceptions of actions toward stakeholders. *Journal of Business Ethics*, 97 (4), 505–516.

［153］McMahon, J. M. , Good, D. J. (2016) . The moral metacognition scale: Development and validation. *Ethics & Behavior*, 26 (5), 357–394.

［154］McMahon, J. M. , Harvey, R. J. (2007) . The effect of moral intensity on ethical judgment. *Journal of Business Ethics*, 72 (4), 335–357.

［155］Miao, Q. , Eva, N. , Newman, A. , Nielsen, I. , Herbert, K. (2019) . Ethical leadership and unethical pro-organisational behaviour: The mediating mechanism of reflective moral attentiveness. *Applied Psychology*, 69, 834–853.

［156］Mihelic, K. K. , Culiberg, B. (2014) . Turning a blind eye: A study of peer reporting in a business school setting. *Ethics & Behavior*, 24 (5), 364–381.

［157］ Moore, C. （2008）. Moral disengagement in process of organizational corruption. *Journal of Business Ethics*, 80 （1）, 129-139.

［158］ Moore, C. （2015）. Moral disengagement. *Current Opinion in Psychology*, 6, 199-204.

［159］ Moore, C., Detert, J. R., Treviño, L. K., Baker, V., Mayer, D. （2012）. Why employees do bad things: Moral disengagement and unethical organizational behavior. *Personnel Psychology*, 65 （1）, 1-48.

［160］ Morgan, C. D., Murray, H. A. （1935）. A method for investigating fantasies: The thematic apperception test. *Archives of Neurology and Psychiatry*, 34 （2）, 289-306.

［161］ Muthén, L. K., Muthén, B. O. （2002）. How to use a monte carlo study to decide on sample size and determine power. *Structural Equation Modeling*, 9 （4）, 599-620.

［162］ Nisbett, R. E., Peng, K., Choi, I., Norenzayan, A. （2001）. Culture and systems of thought: Holistic vs. analytic cognition. Psychological Review, 108 （2）, 291-310.

［163］ Norton, T. A., Zacher, H., Ashkanasy, N. M. （2014）. Organisational sustainability policies and employee green behaviour: The mediating role of work climate perceptions. *Journal of Enovironmental Psychology*, 38, 49-54.

［164］ Nunnally, J. （1978）. *Psychometric theory.* New York: McGraw-Hill.

［165］ Osbaldiston, R., Sheldon, K. M. （2003）. Promoting internalized motivation for environmentally responsible behavior: A prospective study of environmental goals. *Journal of Environmental Psychology*, 23 （4）, 349-357.

[166] Oumlil, A. B. , Balloun, J. L. (2009) . Ethical decision – making differences between American and Moroccan managers. *Journal of Business Ethics*, 84 (4), 457–478.

[167] Ozdogan, F. B. , Eser, Z. (2007) . Ethical sensitivity of college students in a developing country: Do demographic factors matter? *Journal of Teaching in International Business*, 19 (1), 83–99.

[168] O'Fallon, M. J. , Butterfield, K. D. (2005) . A review of the empirical ethical decision–making literature: 1996–2003. *Journal of Business Ethics*, 59 (4), 375–413.

[169] Paill, P. , Chen, Y. , Boiral, O. , et al. (2014) . The impact of human resource management on environmental performance: An employee–level study. *Journal of Business Ethics*, 121 (3), 451–466.

[170] Paille, P. , Raineri, N. (2016) . Trust in the context of Psychological contract breach: Implications for environmental sustainability. *Journal of Environmental Psychology*, 45, 210–220.

[171] Paulhus, D. L. (1988) . Assessing self deception and impression management in self – reports: The balanced inventory of desirable responding. unpublished manual (available from the author at the department of psychology, university of British columbia, Vancouver, B. C. , Canada) .

[172] Pearsall, M. J. , Ellis, A. P. J. (2011) . Thick as thieves: The effects of ethical orientation and psychological safety on unethical team behavior. *Journal of Applied Psychology*, 96 (2), 401–411.

[173] Pham, N. T. , Tuckova, Z. , Jabbour, C. J. C. (2019) . Greening the hospitality industry: How do green human resource management practices influ-

ence organizational citizenship behavior in hotels? A mixed-methods study. *Tourism Management*, 72, 386-399.

[174] Piff, P. K. , Stamcato, D. M. , Mendoza-Denton, R. , Keltner, D. (2012) . Higher social class predicts increased unethical behavior. *PNAS*, 109 (11), 4086-4091.

[175] Pinzone, M. , Guerci, M. , Lettieri, E. , et al. (2016) . Progressing in the change journey towards sustainability in healthcare: The role of "Green" HRM. *Journal of Cleaner Production*, 122, 201-211.

[176] Podsakoff, P. M. , MacKenzie, S. B. , Lee, J. Y. , Podsakoff, N. P. (2003) . Common method biases in behavioral research: A critical review of the literature and recommended remedies. *Journal of Applied Psychology*, 88 (5), 879-903.

[177] Pylyshyn, Z. W. (1999) . Is vision continuous with cognition? The case for cognitive impenetrability of visual perception. *Behavioral and Brain Sciences*, 22 (3), 341-365.

[178] Radel, R. , Clément-Guillotin, C. (2012) . Evidence of motivational influences in early visual perception: Hunger modulates conscious access. *Psychological Science*, 23 (3), 232-234.

[179] Raftery, A. E. (1996) . Bayesian model selection in social research. *Sociological Methodology*, 25, 111-163.

[180] Ren, S. , Tang, G. , Jackson, S. E. (2018) . Green human resource management research in emergence: A review and future directions. *Asia Pacific Journal of Management*, 2018, 35 (3), 769-803.

[181] Renwick, D. W. S. , Redman, T. , Maguire, S. (2013) . Green hu-

man resource management: A review and research agenda. *International Journal of Management Reviews*, 15 (1), 1–14.

[182] Rest, J. (1986). *Moral development: Advances in research and theory*. New York: Praeger.

[183] Reynolds, M. (1998). Reflection and critical reflection in management learning. *Management Learning*, 29 (2), 183–200.

[184] Reynolds, S. J. (2006a). Moral awareness and ethical predisposition: Investigating the role of individual differences in the recognition of moral issues. *Journal of Applied Psychology*, 91 (1), 233–243.

[185] Reynolds, S. J. (2006b). A neurocognitive model of the ethical decision-making process: Implications for study and practice. *Journal of Applied Psychology*, 91 (4), 737–748.

[186] Reynolds, S. J. (2008). Moral attentiveness: Who pays attention to the moral aspects of life? *Journal of Applied Psychology*, 93 (5), 1027–1041.

[187] Reynolds, S. J., Dang, C. T., Yam, K. C., Leavitt, K. (2014). The role of moral knowledge in everyday immorality: What does it matter if I know what is right? *Organizational Behavior and Human Decision Processes*, 123 (2), 124–137.

[188] Reynolds, S. J., Leavitt, K., DeCelles, K. A. (2010). Automatic ethics: The effects of implicit assumptions and contextual cues on moral behavior. *Journal of Applied Psychology*, 95 (4), 752–760.

[189] Reynolds, S. J., Miller, J. (2015). The recognition of moral issues: Moral awareness, moral sensitivity and moral attentiveness. *Current Opinions in Psychology*, 6, 114–117.

［190］Reynolds, S. J. , Owens, B. P. , Rubenstein, A. L. （2012）. Moral stress: Considering the nature and effects of managerial moral uncertainty. *Journal of Business Ethics*, 106 （4）, 491-502.

［191］Robertson, J. L. , Barling, J. （2013）. Greening organizations through leaders'influence on employees'pro-environmental behaviors. *Journal of Organizational Behavior*, 34 （2）, 176-194.

［192］Ruepert, A. M. , Keizer, K. , Steg, L. （2017）. The relationship between corporate environmental responsibility, employees' biospheric values and pro-environmental behaviour at work. *Journal of Environmental Psychology*, 54 （1）, 65-78.

［193］Sahin, S. Y. , Iyigun, E. , Acikel, C. （2015）. Validity and reliability of a Turkish version of the modified moral sensitivity questionnaire for student nurses. *Ethics & Behavior*, 25 （4）, 351-359.

［194］Samnani, A. K. , Salamon, S. D. , Singh, P. （2014）. Negative affect and counterproductive workplace behavior: The moderating role of moral disengagement and gender. *Journal of Business Ethics*, 119 （2）, 235-244.

［195］Sawyer J E. （1992）. Goal and process clarity: Specification of multiple constructs of role ambiguity and a structural equation model of their antecedents and consequences. *Journal of Applied Psychology*, 77 （2）, 130-142.

［196］Sayre, S. , Joyce, M. L. , Lambert, D. R. （1991）. Gender and sales ethics: Are women pernalized less severely than their male counterparts? . *Journal of Personal Selling and Sales Management*, 11 （4）, 49-54.

［197］Schminke, M. （1997）. Gender differences in ethical frameworks and evaluation of others' choices in ethical dilemmas. *Journal of Business Ethics*, 16

(1), 55-65.

[198] Schminke, M. (2001). Considering the business in business ethics: An exploratory study of the influence of organizational size and structure on individual ethical predispositions. *Journal of Business Ethics*, 30 (4), 375-390.

[199] Schminke, M., Ambrose, M. L., Miles, J. A. (2003). The impact of gender and setting on perceptions of others' ethics. *Sex roles*, 48 (7), 361-375.

[200] Schminke, M., Wells, D. (1999). Group processes and performance and their effects on individuals' ethical frameworks. *Journal of Business Ethics*, 18 (4), 367-381.

[201] Shen, J., Dumont, J., Deng X. (2018). Employees' perceptions of green HRM and non-green employee work outcomes: The social identity and stakeholder perspectives. *Group & Organization Management*, 2018, 43 (4), 594-622.

[202] Sherman, G. D., Haidt, J., Clore, G. (2012). The faintest speck of dirt: Disgust enhances the detection of impurity. *Psychological Science*, 23 (12), 1506-1514.

[203] Shu, L. L., Gino, F., Bazerman, M. H. (2011). Dishonest deed, clear conscience: When cheating leads to moral disengagement and motivated forgetting. *Personality and Social Psychology Bulletin*, 37 (3), 330-349.

[204] Simpson, D., Samson, D. (2010). Environmental strategy and low waste operations: Exploring complementarities. *Business Strategy and The Environment*, 19 (2), 104-118.

[205] Sparks, J. R., Hunt, S. D. (1998). Marketing researcher ethical

sensitivity: Conceptualization, measurement, and exploratory investigation. *Journal of Marketing*, 62 (2), 92–109.

[206] Steg, L. , Vlek, C. (2009) . Encouraging pro–environmental behavior: An integrative review and research agenda. *Journal of Environmental Psychology*, 29 (3) , 309–317.

[207] Stern, P. C. (2000) . Toward a Coherent Theory of environmentally significant behavior. *Journal of Social Issues*, 56 (3) , 407–424.

[208] Sturm, R. E. (2017) . Decreasing unethical decisions: The role of morality – based individual differences. *Journal of Business Ethics*, 142 (1), 37–57.

[209] Sweeney, B. , Arnold, D. , Pierce, B. (2010) . The impact of perceived ethical culture of the firm and demographic variables on auditors' ethical evaluation and intention to act decisions. *Journal of Business Ethics*, 93 (4), 531–551.

[210] Sweeney, B. , Costello, F. (2009) . Moral intensity and ethical decision–making: An empirical examination of undergraduate accounting and business students. *Accounting Education: An International Journal*, 18 (1), 75–97.

[211] Tanner, C. (1999) . Constraints on environmental behavior. *Journal of Environmental Psychology*, 19 (2): 145–157.

[212] Treviño, L. K. , Weaver, G. R. , Reynolds, S. J. (2006) . Behavioral ethics in organizations: A review. *Journal of Management*, 32, 951–90.

[213] Treviño, L. K. , den Nieuwenboer, N. A. , Kish – Gephart, J. J. (2014) . (Un) ethical behavior in organizations. *Annual Review of Psychology*, 65 (1), 635–660.

［214］ Treviño, L. K. , Youngblood, S. A. （1990）. Bad apples in bad barrels: A causal analysis of ethical decision making behavior. *Journal of Applied Psychology*, 75 （4）, 378-385.

［215］ Tsalikis, J. , Ortiz-Buonafina, M. （1990）. Ethical beliefs' differences of males and females. *Journal of Business Ethics*, 9 （6）, 509-517.

［216］ Turner, J. C. , Oakes, P. J. （1986）. The significance of the social identity concept for social psychology with reference to individualism, interactionism and social influence. *British Journal of Social Psychology*, 25 （3）, 237-252.

［217］ Tyson, T. （1990）. Believing that everyone else is less ethical: Implications for work behavior and ethics instruction. *Journal of Business Ethics*, 9 （9）, 715-721.

［218］ Tyson, T. （1992）. Does believing that everyone else is less ethical have an impact on work behavior? *Journal of Business Ethics*, 11 （9）, 707-717.

［219］ Uckun, S. , Arslan, A. , Yener, S. （2020）. Could CSR practices increase employee affective commitment via moral attentiveness? *Sustainability*, 12 （19）, 8207.

［220］ Uhlmann, E. L. , Leavitt, K. , Menges, J. I. , Koopman, J. , Howe, M. , Johnson, R. E. （2012）. Getting explicit about the implicit: A taxonomy of implicit measures and guide for their use in organizational research. *Organizational Research Methods*, 15 （4）, 553-601.

［221］ Umphress, E. E. , Bingham, J. B. , Mitchell, M. S. （2010）. Unethical behavior in the name of the company: The moderating effect of organizational identification and positive reciprocity beliefs on unethical pro-organizational behavior. *Journal of Applied Psychology*, 95 （4）, 769-780.

[222] Van Gils, S. , Van Quaquebeke, N. , Van Knippenberg, D. , Van Dijke, M. , De Cremer, D. (2015) . Ethical leadership and follower organizational deviance: The moderating role of follower moral attentiveness. *The leadership Quarterly*, 26 (2) , 190-203.

[223] Van Sandt, C. , Shepard, J. , Zappe, S. (2006) . An examination of the relationship between ethical work climate and moral awareness. *Journal of Business Ethics*, 68 (4) , 409-432.

[224] Verbeke, W. , Ouwerkerk, C. , Peelen, E. (1996) . Exploring the contextual and individual factors on ethical decision making of salespeople. *Journal of Business Ethics*, 15 (11) , 1175-1187.

[225] Vitell, S. J. , Singhapakdi, A. , Thomas, J. (2001) . Consumer ethics: An application and empirical testing of the Hunt-Vitell theory of ethics. *Journal of Consumer Marketing*, 18 (2) , 153-178.

[226] Vynoslavska, O. , McKinney, J. A. , Moore, C. W. , Longenecker, J. G. (2005) . Transition ethics: A comparison of ukrainian and united states business professional. *Journal of Business Ethics*, 61 (3) , 283-299.

[227] Walker, L. J. , Frimer, J. A. (2007) . Moral personality of brave and caring exemplars. *Journal of Personality and Social Psychology*, 93 (5) , 845-860.

[228] Welsh, D. T. , Ordonez, L. D. (2014) . Conscience without cognition: The effects of subconscious priming on ethical behavior. *Academy of Management Journal*, 57 (3) , 723-742.

[229] Westerman, J. W. , Beekun, R. I. , Stedham, Y. , Yamamura, J. (2007) . Peers versus national culture: An analysis of antecedents to ethical decision-making. *Journal of Business Ethics*, 75 (3) , 239-252.

［230］Whitaker, B. G. , Godwin, L. N. （2013）. The antecedents of moral imagination in the workplace: A social cognitive theory perspective. *Journal of Business Ethics*, 114 （1）, 61–73.

［231］White–Ajmani, M. L. , Bursik, K. （2014）. Situational context moderates the relationship between moral disengagement and aggression. *Psychology of Violence*, 4 （1）, 90–100.

［232］Williams, L. J. , Cote, J. A. , Buckley, M. R. （1989）. Lack of method variance in self – reported affect and perceptions of work: Reality or artifact?. *Journal of Applied Psychology*, 74 （3）, 462–468.

［233］Wiltermuth, S. S. , Flynn, F. J. （2013）. Power, moral clarity, and punishment in the workplace. *Academy of Management Journal*, 56 （4）, 1002–1023.

［234］Wu, J. , Font, X. , Liu, J. （2020）. Tourists' pro–environmental behaviors: Moral obligation or disengagement? *Journal of Travel Research*, 60 （4）, 1–14.

［235］Wurthmann, K. （2013）. A social cognitive perspective on the relationships between ethics education, moral attentiveness, and PRESOR. *Journal of Business Ethics*, 114 （1）, 131–153.

［236］Xu, Z. X. , Ma, H. K. （2016）. How can a deontological decision lead to moral behavior? The moderating role of moral identity. *Journal of Business Ethics*, 137 （3）, 537–549.

［237］Yetmar, S. A. , Eastman, K. K. （2000）. Tax practitioners' ethical sensitivity: A model and empirical examination. *Journal of Business Ethics*, 26 （4）, 271–288.

［238］Zhu, W. C. , Treviño, L. K. , Zheng, X. M. （2016）. Ethical leaders and their followers：The transmission of moral identity and moral attentiveness. *Business Ethics Quarterly*, 26 （1）, 95–115.

［239］Zibarras, L. D. , Coan, P. （2015）. HRM practices used to promote pro-environmental behavior：A UK survey. *The International Journal of Human Resource Management*, 26 （16）, 2121–2142.

［240］曹鑫茹, 郭辉. （2016）. 积极心理学视域下的环境美德伦理探究. 北京林业大学学报（社会科学版）, 15 （2）, 22–25.

［241］陈琳. （2018）. 绿色人力资源管理对员工绿色行为的作用机制研究. 山东大学硕士学位论文.

［242］陈默, 梁建. （2017）. 高绩效要求与亲组织不道德行为：基于社会认知理论的视角. 心理学报, 49 （1）, 94–105.

［243］陈银飞. （2013）. 道德推脱、旁观者沉默与学术不端. 科学性研究, 31 （12）, 1796–1803.

［244］程方. （2020）. 经济转型背景下绿色人力资源管理的应用探索. 中国管理信息化, 23 （14）, 130–131.

［245］单勇杰. （2019）. 我国生态文明建设中的环境伦理意识研究. 郑州大学硕士学位论文.

［246］蒂洛, 克拉斯曼. （2008）. 伦理学与生活. 程立显, 刘建等译. 北京：世界图书出版公司.

［247］董蕊. （2015a）. 表征动量的朝向效应. 心理学报, 47 （2）, 190–202.

［248］董蕊. （2015b）. 速度知识对表征动量的影响. 心理科学, 38 （3）, 569–573.

[249] 杜红. (2016). 论实用主义如何进入环境伦理. 自然辩证法通讯, 38 (6), 113-118.

[250] 段锦云, 钟建安. (2009). 进谏行为与组织公民行为的关系研究: 诺莫网络视角. 应用心理学, 15 (3), 263-270.

[251] 段锦云. (2012). 员工建言和沉默之间的关系研究: 诺莫网络视角. 南开管理评论, 15 (4), 80-88.

[252] Fields, D. L. (2004). 工作评价——组织诊断与研究实用量表. 阳志平, 王薇, 王东升, 宋珉译. 北京: 中国轻工业出版社.

[253] 韩钰. (2020). 绿色人力资源管理对员工亲环境行为伦理困境的影响机制研究——环境承诺的中介作用. 中国矿业大学硕士学位论文.

[254] 侯楠, 彭坚, 杨皎平. (2019). 员工绿色行为的研究述评与未来展望. 管理学报, 16 (10), 1572-1580.

[255] 黄华, 赵飞. (2012). 内隐道德人格及其测量. 教育理论与实践, 32 (7), 49-52.

[256] 黄亮, 邓奔驰, 黄思行, 王慕宁. (2019). 员工绿色行为的研究述评. 南京工业大学学报 (社会科学版), (6), 74-87.

[257] 黄琼彪. (2005). 环境伦理与生态工法. 水土保持研究, 12 (5), 7-15.

[258] 黄勇. (2016). 儒家环境美德伦理. 华东师范大学学报 (哲学社会科学版), (3), 159-165.

[259] 金童林, 陆桂芝, 张璐, 范国沛, 李肖肖. (2017). 儿童期心理虐待对大学生网络欺负的影响: 道德推脱的中介作用, 中国特殊教育, (2), 65-71.

[260] 卡思卡特. (2014). 电车难题: 该不该把胖子推下桥. 北京: 北

京大学出版社．

[261] 孔文清．（2020）．对环境的关爱如何可能——论斯洛特道德情感主义的环境美德伦理思想．道德与文明，（5），126-132.

[262] 李维安．（2016）．绿色治理：超越国别的治理观．南开管理评论，19（6），1.

[263] 李文杰．（2016）．员工完全环境行为的影响因素及管理对策研究．中国矿业大学硕士学位论文．

[264] 李晓明，王新超，傅小兰．（2007）．企业中的道德决策．心理科学进展，15（4），665-673.

[265] 李新异．（2019）．员工参与对员工绿色行为的影响机制研究．天津财经大学硕士学位论文．

[266] 梁晓燕，刘晓飞．（2017）．父母心理控制与中职生网上偏差行为的关系：一个有调节的中介模型．中国特殊教育，（3），71-77.

[267] 林志扬，肖前，周志强．（2014）．道德倾向于慈善捐赠行为关系实证研究——基于道德认同的调节作用．外国经济与管理，36（6），15-23.

[268] 刘东，张震，汪默．（2012）．被调节的中介和被中介的调节：理论构建与模型检验．陈晓萍．徐淑英，樊景立．组织与管理研究的实证方法．北京：北京大学出版社．

[269] 刘欢鑫．（2020）．乐而为之与乐而难为：员工自愿型绿色行为的影响机制研究．山东大学硕士学位论文．

[270] 刘科．（2020）．从"得"到"德"：功利主义导向"绿色"美德的可能性．西北师范大学学报（社会科学版），57（5），111-118.

[271] 刘玲．（2006）．阈上与阈下情绪词加工的事件相关电位时空模式分析．第一军医大学硕士学位论文．

［272］刘湘溶．（2004）．人与自然的道德话语．长沙：湖南师范大学出版社．

［273］刘英为．（2015）．企业伦理决策研究．北京：人民出版社．

［274］潘宇浩．（2015）．团队内非伦理行为人际传导机制研究．浙江大学硕士学位论文．

［275］裴敏俊．（2015）．无意识助人目标追求、情绪对道德判断的影响．福建师范大学硕士学位论文．

［276］彭坚，尹奎，侯楠，邹艳春，聂琦．（2020）．如何激发员工绿色行为？绿色变革型领导与绿色人力资源管理实践的作用．心理学报，52（9），1105-1120.

［277］彭瑶．（2013）．大学生良心模型的初步建构研究．湖南师范大学硕士学位论文．

［278］齐慧杰．（2019）．责任型领导对员工环保组织公民行为的影响研究．贵州财经大学硕士学位论文．

［279］汤敏慧，彭坚．（2019）．绿色变革型领导对团队绿色行为的影响：基于社会认知视角的本土探索．心理科学，42（6），1478-1484.

［280］唐贵瑶，孙玮，贾进，陈扬．（2015）．绿色人力资源管理研究述评与展望．外国经济与管理，37（10），82-96.

［281］唐贵瑶，陈琳，袁硕．（2019）．道德型领导对企业声誉的影响：一个有调节的中介模型．管理评论，31（12），170-180.

［282］唐贵瑶，孙玮，贾进等．（2015）．绿色人力资源管理研究述评与展望．外国经济与管理，37（10）：82-96.

［283］王传民．（2015）．当代西方环境伦理研究的两条重要进路及其比较．理论观察，（9），89-91.

［284］王济川．（2011）．结构方程模型：方法与应用．北京：高等教育出版社．

［285］王京．（2017）．传统文化和组织文化对员工绿色行为的影响．北京交通大学硕士学位论文．

［286］王兴超，杨继平．（2010）．中文版道德推脱问卷的信效度研究．中国临床心理学杂志，18（2），177-179.

［287］王一牛，周立明，罗跃嘉．（2008）．汉语情感词系统的初步编制及评定．中国心理卫生杂志，22（8），608-612.

［288］王莹莹，董军．（2019）．绿色哲学视角下道德共同体范围的扩大发展及其意义．华北理工大学学报（社会科学版），19（6），9-14.

［289］王月新．（2006）．中国员工工作疏离感的因素结构及其相关研究．暨南大学硕士学位论文．

［290］王云强，郭本禹．（2009）．当代西方道德人格研究的两类取向．心理科学进展，17（4），784-787.

［291］吴志洪．（2016）．道德自我调节：补偿性还是一致性？——基于道德认同和道德自我知觉的研究．湖南师范大学硕士学位论文．

［292］夏福斌．（2014）．员工不道德亲组织行为的前因与后果研究．东北财经大学博士学位论文．

［293］肖濛．（2016）．保罗·泰勒的尊重自然环境伦理学研究．湖北大学硕士学位论文．

［294］肖玉珠．（2014）．道德概念的水平人际距离隐喻表征的双向性．河北师范大学硕士学位论文．

［295］邢璐，林钰莹，何欣露，彭坚．（2017）．理性与感性的较量：责任型领导影响下属绿色行为的双路径探讨．中国人力资源开发，（1），

31-40.

［296］杨光．（2003）．绿色人力资源管理——人力资源管理的绿色化．管理评论，15（10），8-10.

［297］杨继平，王兴超，高玲．（2010）．道德推脱的概念、测量及相关变量．心理科学进展，18（4），671-678.

［298］杨继平，王兴超．（2015）．德行领导与员工不道德行为、利他行为：道德推脱的中介作用．心理科学，38（3），693-699.

［299］杨洁．（2015）．从个体控制感知角度探究权力对非伦理行为的影响机制．浙江大学硕士学位论文．

［300］杨丽娴，杨治良．（2011）．两种条件下的妒忌分离：间接测量的优势．心理与行为研究，9（4），241-246.

［301］杨韶刚．（2007）．道德教育心理学．上海：上海教育出版社．

［302］杨晓彤，周琼瑶．（2020）．责任型领导对员工绿色行为的影响：道德反思的中介作用及同理心的调节作用．上海管理科学，42（1），96-102.

［303］叶宝娟，郑清，姚媛梅，赵磊．（2016）．道德推脱对大学生网络欺负的影响：网络道德的中介作用与道德认同的调节作用．中国临床心理学杂志，24（6），1105-1107.

［304］曾雪．（2018）．绿色发展理念下大学生生态道德教育研究——以长株潭地区为例．湘潭大学硕士学位论文．

［305］张波．（2011）．儒家仁爱观对大学生道德敏感性的影响．华中师范大学硕士学位论文．

［306］张桂平．（2016）．职场排斥对员工亲组织性非伦理行为的影响机制研究．管理科学，29（4），106-114.

［307］张佳良，袁艺玮，刘军．（2018）．伦理型领导对员工环保公民行为的影响．心理科学进展，35（2），19-29.

［308］张佳良，袁艺玮，刘军．（2018）．伦理型领导对员工环保公民行为的影响．中国人力资源开发，35（2），19-29.

［309］张琪．（2017）．基于道德推脱中介的道德认同与员工反生产行为关系研究．南京理工大学硕士学位论文．

［310］张钦．（1998）．词汇决定任务评析．心理学动态，6（4），16-19.

［311］张艳清，王晓晖，王海波．（2016）．组织情境下的不道德行为现象：来自道德推脱理论的解释．心理科学进展，24（7），1108-1117.

［312］赵立．（2010）．基于人——组织道德匹配的中小企业经营者道德影响力研究．浙江大学博士学位论文．

［313］赵立．（2012）．中小企业家的道德影响力：理论与实证检验．管理世界，（4），13-185

［314］赵素芳，周文斌．（2019）．我国绿色人力资源管理研究现状、实施障碍与研究展望．领导科学，（5），104-107.

［315］郑信军，岑国桢．（2009）．道德敏感性：概念理解与辨析．心理学探新，29（109），10-13.

［316］郑信军，温小欧，吴琼琼．（2013）．中学生的道德情绪内隐观研究．心理科学，36（1），122-127.

［317］郑信军．（2008）．道德敏感性：基于倾向于情境的视角．上海师范大学博士学位论文．

［318］郑志强，刘善仕．（2017）．好的领导能带来好的绩效吗——对伦理型领导有效性的元分析．科技进步与对策，34（5），148-153.

［319］邹佳星．（2020）．可持续发展型领导对员工亲环境行为伦理困境的影响机制研究．中国矿业大学硕士学位论文．

［320］邹志勇，辛沛祝，晁玉方，朱晓红．（2019）．高管绿色认知、企业绿色行为对企业绿色绩效的影响研究——基于山东轻工业企业数据的实证分析．华东经济管理，33（12），35-41.

附　录

附录1　中国版道德专注力量表的初始条目

指导语：同学你好！欢迎你参加本次调查。道德是人们共同生活及其行为的准则与规范，是衡量行为正当与否的观念标准。道德困境也被称为道德两难或道德冲突，是指人们在决策时需要面对两种或两种以上相反的道德观或者是道德需求之间的冲突。请仔细并逐一阅读以下条目，在你认同的选项上打"√"。"1"表示完全不同意，"7"表示完全同意，分数越高表示你的认同度越高。问卷答案没有对错之分，请你尽可能诚实地作答。

序号	条目	完全不同意	比较不同意	有点不同意	中立	有点同意	比较同意	完全同意
1	一天当中，我通常会遇到很多道德两难的问题	1	2	3	4	5	6	7
2	我常常需要在做正确的事和做错误的事之间进行选择	1	2	3	4	5	6	7
3（1）	我经常需要做出具有明显道德意义的决定	1	2	3	4	5	6	7
3（2）	我所做的决定常常涉及与道德有关的内容	1	2	3	4	5	6	7
4	我的生活充满了接二连三的道德困境	1	2	3	4	5	6	7
5（1）	我所做的很多决定都包含道德意义	1	2	3	4	5	6	7
5（2）	在我所做出的决定中，很多都经过道德考量	1	2	3	4	5	6	7
6	我经常思考我所做的决定中与道德有关的部分	1	2	3	4	5	6	7
7	几乎每天我都会思考我的行为是否道德	1	2	3	4	5	6	7
8	我经常面临道德冲突	1	2	3	4	5	6	7
9	我经常遇到道德情境	1	2	3	4	5	6	7
10	我经常思考道德问题	1	2	3	4	5	6	7
11（1）	我经常反思我所做的决定是否符合道德	1	2	3	4	5	6	7
11（2）	我经常从道德层面反思自己的决定	1	2	3	4	5	6	7
12	我喜欢思考道德问题	1	2	3	4	5	6	7

附录 2 中国版道德专注力量表

指导语：同学你好！欢迎你参加本次调查。道德是人们共同生活及其行为的准则与规范，是衡量行为正当与否的观念标准。道德困境也被称为道德两难或道德冲突，是指人们在决策时需要面对两种或两种以上相反的道德观或者是道德需求之间的冲突。请仔细并逐一阅读以下条目，在你认同的选项上打"√"。"1"表示完全不同意，"7"表示完全同意，分数越高表示你的认同度越高。问卷答案没有对错之分，请你尽可能诚实地作答。

序号	条目	完全不同意	比较不同意	有点不同意	中立	有点同意	比较同意	完全同意
1	一天当中，我通常会遇到很多道德两难的问题	1	2	3	4	5	6	7
2	我常常需要在做正确的事和做错误的事之间进行选择	1	2	3	4	5	6	7
3	我所做的决定常常涉及与道德有关的内容	1	2	3	4	5	6	7
4	我的生活充满了接二连三的道德困境	1	2	3	4	5	6	7
5	我经常面临道德冲突	1	2	3	4	5	6	7
6	我经常遇到道德情境	1	2	3	4	5	6	7
7	我经常思考我所做的决定中与道德有关的部分	1	2	3	4	5	6	7
8	几乎每天我都会思考我的行为是否道德	1	2	3	4	5	6	7

续表

序号	条目	完全不同意	比较不同意	有点不同意	中立	有点同意	比较同意	完全同意
9	我经常思考道德问题	1	2	3	4	5	6	7
10	我经常从道德层面反思自己的决定	1	2	3	4	5	6	7
11	我喜欢思考道德问题	1	2	3	4	5	6	7

附录3 无范感量表

指导语：请仔细并逐一阅读以下条目，在你认同的选项上打"√"。"1"表示完全不同意，"7"表示完全同意，分数越高表示你的认同度越高。问卷答案没有对错之分，请你尽可能诚实地作答。

序号	条目	完全不同意	比较不同意	有点不同意	中立	有点同意	比较同意	完全同意
1	只要不惹上麻烦，你想干什么都是可以的	1	2	3	4	5	6	7
2	只要不违法，你完全可以绕过法律而行	1	2	3	4	5	6	7
3	只要能办成事，就不要管它是对还是错了	1	2	3	4	5	6	7
4	只要法律允许的事就可以做	1	2	3	4	5	6	7

附录4 道德认同量表

指导语：有九种品质：关心他人、富有同情心、公平、友好、慷慨、乐于助人、勤奋、诚实、善良，请根据您的实际情况在相应的选项上打"√"。

序号	条目	完全不同意	比较不同意	有点不同意	中立	有点同意	比较同意	完全同意
1	做一个有如上品质的人会让我感觉很好	1	2	3	4	5	6	7
2	成为拥有这些特征的人对我来说很重要	1	2	3	4	5	6	7
3	我会因为有如上品质而羞耻*	1	2	3	4	5	6	7
4	拥有这些品质对我而言十分重要	1	2	3	4	5	6	7
5	我强烈地渴望具有这些特征	1	2	3	4	5	6	7
6	我的着装打扮使我看上去是这样的人	1	2	3	4	5	6	7
7	我在空闲时间做的事情能清楚地反映我有如上品质	1	2	3	4	5	6	7
8	我读的书、杂志能清楚地表现出我有如上品质	1	2	3	4	5	6	7
9	我积极参加能表现出这些品质的活动	1	2	3	4	5	6	7
10	在我的工作、学习中，平时别人知道我拥有这些特征	1	2	3	4	5	6	7

注：*代表反向计分条目。

附录5 道德观点量表

指导语：以下为13种性格特质词，请对其重要性进行评估，选择您认同的选项。

序号	条目	完全 不重要	比较 不重要	有点 不重要	中立	有点重要	比较重要	非常重要
1	创新的	1	2	3	4	5	6	7
2	资源丰富的	1	2	3	4	5	6	7
3	有效的	1	2	3	4	5	6	7
4	有影响力的	1	2	3	4	5	6	7
5	注重结果的	1	2	3	4	5	6	7
6	多产的	1	2	3	4	5	6	7
7	胜利者	1	2	3	4	5	6	7
8	讲原则的	1	2	3	4	5	6	7
9	可依赖的	1	2	3	4	5	6	7
10	值得信任的	1	2	3	4	5	6	7
11	诚实的	1	2	3	4	5	6	7
12	以正直著称	1	2	3	4	5	6	7
13	法律至上的	1	2	3	4	5	6	7

附录6　学术不诚实量表

指导语：以下句子是描述你的同学在测验或者做作业中可能出现的情况。请认真阅读每一题，客观地评价同学在最近的一个学年中发生以下行为的频率，并在相对应的数字上打"√"。

序号	条目	从未发生	极少发生	偶尔发生	有时发生	常常发生	经常发生	总是发生
1	上交作业前，找人帮忙检查一遍	1	2	3	4	5	6	7
2	找已经考完的同学了解考试内容	1	2	3	4	5	6	7
3	为还没考试的人提供有关考试内容的信息	1	2	3	4	5	6	7
4	本该是独立完成的作业，但与别人合作完成	1	2	3	4	5	6	7
5	闭卷考试过程中使用小抄	1	2	3	4	5	6	7
6	闭卷考试中抄别的同学的答案	1	2	3	4	5	6	7
7	帮助别人在考试中作弊	1	2	3	4	5	6	7
8	闭卷考试中用任何手段作弊	1	2	3	4	5	6	7
9	在一个团体合作的作业中，每个成员都要参与作业得到同样的分数，你的同学却没有做好自己该做的那部分事情	1	2	3	4	5	6	7
10	联系任课老师以便取得高分	1	2	3	4	5	6	7

序号	条目	从未发生	极少发生	偶尔发生	有时发生	常常发生	经常发生	总是发生
11	在独立完成的作业中，得到别人大量的实质性的帮助	1	2	3	4	5	6	7
12	考试中传递答案	1	2	3	4	5	6	7
13	考试过程中，使用手机短信寻求帮助	1	2	3	4	5	6	7
14	在考试过程中，使用手机或其他电子设备，获取或交流考试答案	1	2	3	4	5	6	7
15	在没有注明的情况下，为了完成作业而大篇幅抄袭已经发表了的材料	1	2	3	4	5	6	7
16	在课堂论文或研究报告中，列出并未阅读或者并未使用的资源以及参考文献	1	2	3	4	5	6	7
17	从网上购买或下载论文，当作自己的作业提交	1	2	3	4	5	6	7

附录7 平衡式社会赞许量表：印象管理分量表

指导语：请仔细并逐一阅读以下条目，在你认同的选项上打"√"。"1"表示完全不同意，"7"表示完全同意，分数越高表示你的认同度越高。问卷答案没有对错之分，请你尽可能诚实地作答。

序号	条目	完全不同意	比较不同意	有点不同意	中立	有点同意	比较同意	完全同意
1	在不得已时，我有时也会说谎*	1	2	3	4	5	6	7
2	我从不掩饰自己的错误	1	2	3	4	5	6	7
3	我有时也会欺负他人*	1	2	3	4	5	6	7
4	我从不说脏话	1	2	3	4	5	6	7
5	有时，我宁可对别人进行报复，也不愿宽恕或一忘了之*	1	2	3	4	5	6	7
6	即使明知不会被抓住，我也总是遵纪守法	1	2	3	4	5	6	7
7	我在背后说过朋友的坏话*	1	2	3	4	5	6	7
8	当发现别人在窃窃私语时，我就立即回避不去听	1	2	3	4	5	6	7
9	我曾经在售货员多找给我钱时，不告诉他悄悄收下*	1	2	3	4	5	6	7
10	在海关，我总是申报每一件纳税品	1	2	3	4	5	6	7
11	小时候，我有时偷东西*	1	2	3	4	5	6	7
12	我从未在街上扔过垃圾	1	2	3	4	5	6	7
13	我有时超速驾驶*	1	2	3	4	5	6	7
14	我从未看过黄色的书或杂志	1	2	3	4	5	6	7
15	我曾做过一些难以启齿的事情*	1	2	3	4	5	6	7
16	我从未拿过不属于自己的东西	1	2	3	4	5	6	7
17	我曾装病请假不去上班或上课*	1	2	3	4	5	6	7

续表

序号	条目	完全 不同意	比较 不同意	有点 不同意	中立	有点 同意	比较 同意	完全 同意
18	我损坏了图书馆的书或商店里的商品后，总是去自首	1	2	3	4	5	6	7
19	我有一些恶习*	1	2	3	4	5	6	7
20	我从不对别人的事说三道四	1	2	3	4	5	6	7

注：*代表反向计分条目。

附录8 不道德决策量表

指导语：请判断你在多大程度上可能进行下述场景中描述的行为，在对应的选项上打"√"。

序号	条目	完全 不可能	比较 不可能	有点 不可能	不确定	有点可能	比较可能	完全可能
1	你在市中心的一家快餐店工作（X城市）。吃饭不付钱违反店内规定。你下课后直接来快餐店工作，因此很饿。你的上司没在身边，因此你偷偷吃了店内食物	1	2	3	4	5	6	7

序号	条目	完全 不可能	比较 不可能	有点 不可能	不确定	有点可能	比较可能	完全可能
2	你在一所大学（Y 大学）做学院办公室的助理工作。你独自一人在办公室进行复印时，意识到家里的复印纸用光了，因此你将一沓纸放进了背包里	1	2	3	4	5	6	7
3	你在准备一门课的期末考试。这门课的老师对任教的两个班使用同样的试卷。你的一些朋友从先考试的那个班得到了部分考卷，他们正在试图记忆正确答案。你没看试卷，但是问了他们你应该重点复习哪部分内容	1	2	3	4	5	6	7
4	你在星巴克排了 10 分钟的队买到了咖啡。当你已经离开星巴克店几个街区以后，你意识到店员找零给你的钱是 50 元，远远多于你给他的 20 元，你享受了你的免费咖啡和免费的 30 元	1	2	3	4	5	6	7

续表

序号	条目	完全不可能	比较不可能	有点不可能	不确定	有点可能	比较可能	完全可能
5	你从老师手里拿回了期末考试的试卷，发现有三道题老师打对号（√），但其实你答错了。如果坦白你的错误，就意味着你的分数从及格变成了不及格，因此你什么也没说	1	2	3	4	5	6	7
6	你上的会计课程要求你购买一款软件，售价500元。你的一个同学已经买了这款软件，因此，你借了他的软件并安装在自己的电脑上	1	2	3	4	5	6	7
7	你的老板要求你了解竞争对手公司某产品的机密信息，你的一个朋友正好在对手公司做一个项目，因此你从他那里套取信息	1	2	3	4	5	6	7
8	你所上的一门课程要求进行团队作业，但你所在的团队直到最后一刻才开始工作。一些团队成员建议使用他们兄弟联谊会以前做过的项目，你赞同了这个建议	1	2	3	4	5	6	7

附录9　简式道德推脱量表

指导语：请考虑一下你自身的情况。请指出你在多大程度上同意以下陈述，"1"表示完全不同意，"7"表示完全同意，分数越高表示你的认同度越高。请根据你的实际情况在相应的选项上打"√"。问卷答案没有对错之分，请你尽可能诚实地作答。

序号	条目	完全不同意	比较不同意	有点不同意	中立	有点同意	比较同意	完全同意
1	为了保护你在乎的人，传播谣言是没关系的	1	2	3	4	5	6	7
2	如果你刚借过这个东西，就可以不经过物主的允许而再次拿走它	1	2	3	4	5	6	7
3	考虑到人们常极力伪装自己，所以夸大自己的资历也不是什么错误	1	2	3	4	5	6	7
4	如果人们只是做了一个权威人物让他们做的有问题的事情，那么他们不应该承担责任	1	2	3	4	5	6	7
5	如果一个人做出技术上错误的事情是因为他的朋友们都这么做，那么不该责怪这个人	1	2	3	4	5	6	7
6	将不是你的想法归功于自己不是什么大事	1	2	3	4	5	6	7

序号	条目	完全 不同意	比较 不同意	有点 不同意	中立	有点同意	比较同意	完全同意
7	对那些感觉不到受伤害的人就要狠一点	1	2	3	4	5	6	7
8	被欺负的人不值得被当人看待	1	2	3	4	5	6	7

附录10　员工绿色行为测量条目

指导语：以下是对你个人行为的一些描述，请仔细阅读以下问题，在你认同的选项上打"√"。"1"表示从来没有，"5"表示总是，分数越高表示你的认同度越高。根据自己的真实情况作答。

序号	测量内容	从来没有	极少	不确定	经常	总是
1	我尽可能地采用双面打印	1	2	3	4	5
2	我会将可回收垃圾（如易拉罐、纸等）丢进可回收垃圾箱中	1	2	3	4	5
3	我会及时关灯	1	2	3	4	5
4	我在办公室里使用可重复使用的食品器皿（如便携式咖啡杯）	1	2	3	4	5
5	我参与环保项目，如骑自行车/走路上下班、自己带便当	1	2	3	4	5
6	我会向经理建议环保行为以提高我们组织的环境绩效	1	2	3	4	5

附录11　环保目标清晰度测量条目

指导语：环保目标是环境组织管理部门为了改善、管理、保护环境而设定的。环保活动一般是指人类为解决现实或潜在的环境问题，协调人类与环境的关系，保护人类的生存环境、保障经济社会的可持续发展而采取的各种行动的总称。下面是关于你对自己环保目标的了解程度的测试。问卷结果没有对错之分，请仔细阅读以下问题，在你认同的选项上打"√"。"1"表示非常不同意，"7"表示非常同意，分数越高表示你的认同度越高。根据自己的真实情况作答。

序号	测量内容	非常不同意	比较不同意	有点不同意	中立	有点同意	比较同意	非常同意
1	我清楚自己的环保职责	1	2	3	4	5	6	7
2	我对环保目标具有清晰的了解	1	2	3	4	5	6	7
3	我清楚自己在环保活动中的预期结果	1	2	3	4	5	6	7
4	我清楚哪些环保活动会得到积极评价	1	2	3	4	5	6	7
5	我清楚自己的环保行动与部门整体目标的联系	1	2	3	4	5	6	7